春秋·战国超好看

NP

中国历史超好看

春秋·战国
超好看

袁恒毅◎主编　李蕴舒◎编著

中国华侨出版社
北京

图书在版编目（CIP）数据

春秋战国超好看 / 李蕴舒编著. —北京：中国华侨出版社，2020.7（2021.9重印）

（中国历史超好看 / 袁恒毅主编；1）

ISBN 978-7-5113-8219-1

Ⅰ.①春… Ⅱ.①李… Ⅲ.①中国历史—春秋战国时代—通俗读物 Ⅳ.①K225.09

中国版本图书馆CIP数据核字（2020）第100294号

春秋战国超好看

主　　编	袁恒毅
编　　著	李蕴舒
责任编辑	黄　威
封面设计	阳春白雪
文字编辑	张亚明
美术编辑	宇　枫
经　　销	新华书店
开　　本	645毫米×920毫米　1/16　印张：10　字数：105千字
印　　刷	唐山楠萍印务有限公司
版　　次	2020年7月第1版　2021年9月第3次印刷
书　　号	ISBN 978-7-5113-8219-1
定　　价	228.00元（全8册）

中国华侨出版社　北京市朝阳区西坝河东里77号楼底商5号　邮编：100028

发行部：（010）88866779　　　传　真：（010）88877396

如发现印装质量问题，影响阅读，请与印刷厂联系调换。

前言

历史是一面鉴古知今的镜子，也是提供知识给养的文化食粮。尤其是对广大青少年而言，读史不仅是积累知识的有效方法，也是提升语文写作能力的重要途径，更是积淀良好文化素养的成功之道。作为优秀的历史读物，《中国历史超好看》将为青少年开启新的阅读视野……春秋战国，是我们此时阅读之旅的第一站。

这是一个风云变幻的时代，是狂风暴雨下搏击的日月，是一页写满惊叹号的历史。

遥想当年，褒姒初嫁了，西周的江山就倾倒在她嫣然的笑靥之下。戎人入侵镐京，天子蒙尘，梓泽丘墟，当郑武公一路辅佐着周平王东迁洛阳，史书就此翻开了新的一页，中国也进入了剑拔弩张、战火纷飞的新时代。

这是一个争杀不断的年代，"争地以战，杀人盈野，争城以战，杀人盈城"，虽然生灵涂炭，却又英雄辈出，创造了一个个英雄造时势的神话。

齐桓公首霸诸侯，楚庄王一鸣惊人，赵武灵王励志兴邦……这些贤明的君主渴望国家崛起，于是有了管鲍之交、问鼎中原、胡服骑射、黄金台招贤的典故。

孔子为宣传"仁"的思想周游列国，老子追求"道"的精髓飘然出关留下千古奇书，荀子为传播学说传道授业，韩非将自己的思想著书立说，庄子追求精神自由寄情笔端……于是有了百家争鸣的热潮。

曹刿、白起、王翦、廉颇、李牧，这些有勇有谋的将领们，在战场上力挽狂澜。

　　管仲、晏婴、子产、范蠡、孟尝君、信陵君、平原君，这些万众瞩目的政治家，在政坛上风生水起。

　　还有张仪、苏秦这两位师出同门却分道扬镳的纵横家，他们的雄辩和智慧令其在各诸侯国大展拳脚。

　　……

　　正是有了这些君王及臣子的不懈努力，"春秋五霸"和"战国七雄"才在诸侯中脱颖而出，并在中原大地上交替问鼎。

　　生存的智慧在血与火的交织中迸发，竞争的残酷在硝烟的弥漫中隐忍。凭借强大的国力，秦国最终结束了几百年的纷乱局势，建立了统一的帝国。

　　本书以正史为蓝本，注重还原真实历史，为青少年梳理构建完整的历史脉络和框架。全书语言通俗易懂、生动有趣，故事精彩纷呈、博人眼球，让青少年花最少的时间轻松读历史，从而培养他们对历史的浓厚兴趣。通过精彩的人物事迹和历史故事，也能提升青少年的历史知识，开阔他们的视野，奠定他们受用一生的历史文化基石。

　　此刻，让我们一同走进春秋战国的过往，一起去透过历史迷雾，还原历史真相吧！

目 录

第一卷 谁是强者，诸侯纷起下的霸主初现

第一章 风起云涌，落地的天子不如侯 ……………… 2
乱世风云的揭幕 ……………………………………… 2
按下葫芦浮起瓢 ……………………………………… 4

第二章 初露锋芒，郑庄公小霸中原 ……………… 7
郑国内乱 ……………………………………………… 7
一箭射了个周天子 …………………………………… 10
我的地盘听我的 ……………………………………… 13

第三章 九合诸侯，首位霸主华丽现世 …………… 15
在齐国的国土上划了一道沟 ………………………… 15
抗击戎狄 ……………………………………………… 18
第一个霸主出炉了 …………………………………… 21

第四章　前仆后继，内乱初定霸业成 ······ 23
　　晋国崛起 ······ 23
　　秦晋之好 ······ 26

第二卷　谁主沉浮，新旧交替的争霸之路

第一章　累世而兴，荆楚之地的大国 ······ 30
　　筚路蓝缕，楚国源起 ······ 30
　　荆楚第一王 ······ 33

第二章　重振雄风，重新登上霸主巅峰 ······ 35
　　晋国的中兴 ······ 35
　　回炉重铸的霸主晋国 ······ 37

第三章　大国中兴，好运与智慧兼具的齐景公 ······ 41
　　天上真能掉馅饼 ······ 41
　　霸主轮流做，何时到我家 ······ 44

第三卷　三家分晋，开启战国新时代

第一章　晋国内斗，拉开战国的序幕 ······ 48
　　坚持就是胜利 ······ 48
　　一句话改变命运 ······ 50

要当继承人得会脑筋急转弯 ………………………… 52
一杯酒的恩怨 ……………………………………… 53
你的就是我的，我的还是我的 …………………… 57

第二章　三家分晋，韩赵魏割据一方 …………… 58

赵氏遭到了群殴 …………………………………… 58
最不靠谱的阵营 …………………………………… 61

第三章　秦孝公求贤与商鞅变法 …………………… 63

想变法，得有好口才 ……………………………… 63
太子犯法，老师顶罪 ……………………………… 65
第二次变法 ………………………………………… 67

第四卷　合纵连横，烽烟四起的七国角力

第一章　秦国连横之策，事一强以攻众弱 ………… 70

顺水推舟的说服法 ………………………………… 70
魏国，合纵的薄弱一环 …………………………… 73

第二章　以合纵对连横，苏秦难救六国 …………… 76

合纵的秘密 ………………………………………… 76
回报率最高的投资 ………………………………… 80
在死后为自己复仇 ………………………………… 83

第三章　秦楚之争，楚王客死异乡 ………………… 86

秦国诱捕楚怀王 ································· 86
　　屈原沉江 ······································ 89

第四章　险死还生的燕与由胜转衰的齐 ················· 91
　　燕昭王的黄金台 ································· 91
　　活着的理由 ····································· 94
　　最后的希望 ····································· 97
　　齐军的秘密武器 ································ 100

第五章　胡服骑射，赵国强势崛起 ····················· 104
　　赵武灵王胡服骑射 ······························ 104
　　深入敌后的国君 ································ 106

第五卷　大国之争，争夺霸权掀起惊天波澜

第一章　称霸之路，武安君的赫赫战功 ················· 110
　　基层崛起的统帅 ································ 110
　　用实力证明自己 ································ 113
　　白起的升迁之路 ································ 117

第二章　长平之战，战国大局斗转星移 ················· 121
　　长平，长平 ···································· 121
　　成者为王，败者寇 ······························ 124

第六卷　天下一统，成王败寇谁与争锋

第一章　人才济济，日渐崛起 ······················ 130

秦国，李斯的选择 ···································· 130

城门失火，殃及池鱼 ································ 133

不想离开你 ·· 137

第二章　分久必合，天下归一 ···················· 141

六国的末路 ·· 141

天下一统，战国落幕 ································ 143

第一卷
谁是强者，诸侯纷起下的霸主初现

第一章

风起云涌，落地的天子不如侯

乱世风云的揭幕

3600多年以前，夏朝诸侯商汤亲率大军在鸣条大败夏桀，建立了大商王朝。一战成功，当初有戎氏活泼娇媚的女儿吞下天命玄鸟之卵而生下的传奇人物契的后代们，终于享有了无限的权力，无上的尊荣。

但是，仅仅600年以后，大商的王位传到了帝辛的手中，他骄奢淫逸、暴虐成性，遭到了天下人的唾弃，最后被人冠以"纣"字作为谥号。《说文解字》援引谥法的解释："残忍捐义曰纣。"而这个"残忍捐义"的帝王，正是那位被列为圣人明主，一向与尧、舜、禹并称的商汤的后代。

同商一样，周也有一个背负着传奇出身的始祖后稷，有邰氏之女姜嫄"履大人迹"而怀孕生下了后稷；若干代以后，也出现了一个足以与商汤相提并论的圣人明主——周文王。牧野之战，周文王的儿子周武王打败了商汤的后裔商纣王，于是后稷的后代们取代了契的后代们，成为了天下共主，开创了大周王朝。

周幽王十一年（公元前771年）的某一天，周王朝的首都镐京，这个天子所住的中心之地，往日曾经是一片欢乐祥和的和平景象，如今却陷入了战乱之中。男女老少哭声震天，仓皇慌乱地试图从戎族的铁蹄下逃得性命。镐京城外，骊山上的烽火台正在熊熊燃烧，滚滚浓烟缓缓飘摇到远方，但是原本应该见烽火而勤王的诸侯军队却不见踪影，徒留下数个烽火台无助地矗立在寒风中。

大周天下承平400年，"分"的时代即将到来。当年武王伐纣之后，在镐京定都，建立了西周王朝。然而数代之后，周昭王南征，死在汉水之畔，周王室的权威受到挑战，势力逐渐衰落下来。

到周厉王时，虽然对外大肆扩张，对内却极尽盘剥之能事，任用荣夷公实行"专利"政策，将原本为公用的山林川泽一概划归天子专有，禁止人民入内砍伐渔猎。为了压制国人的不满情绪，周厉王又实行因言获罪的高压政策。三年之后，不堪暴政的国人发生暴动，推翻了周厉王的统治，史称"国人暴动"。此后，各路诸侯齐聚镐京，以会议的方式暂时摄政，史称"共和行政"。周王室的统治这一次是真真正正被动摇了。

十四年之后，周宣王即位，苟延残喘的西周王朝似乎又出现了中兴的迹象。在周宣王的指挥下，周朝在西北、东南、南方等地都拓展了疆土。然而，积重难返的经济形势让中兴只是一场空谈。日益瓦解的井田制让周朝经济面临着危机，而周宣王在处理内政上的不智和妄杀也使大臣噤若寒蝉，诸侯离心离德。到周宣王晚年，四周的夷、狄、蛮、戎复又卷土重来，一度攻入中原地带。

周宣王之后，周幽王继承了王位。他即位伊始就遭遇了一场严重的地震，诗经中描写这场地震："百川沸腾，山冢崒崩；高岸为谷，深谷为陵。"足见这场地震对人民生产生活的破坏。可是周幽王面对周纲凌迟的局面，不仅不励精图治，反而迷上了一个叫褒姒的绝色佳人，"从此君王不早朝"。

周幽王不顾朝政大事、国计民生，成日绞尽脑汁想博美人一笑。不过褒姒虽然如花似玉，却冷若冰霜，始终没有对周幽王展露过笑颜。大臣虢石父为周幽王想出了一个十分荒唐的办法：将向诸侯报警用的烽火台点燃，请美人看看兵马浩荡却扑空一场的丑态。这个计划果然成功了，看着从各地星夜赶来勤王救驾的诸侯们人喊马嘶劳师动众，褒姒居然真的展颜一笑。这下周幽王大悦，他重赏虢石父，全然不顾真相大白后愤怒和气恼的诸侯们。

数年之后，褒姒生下一子伯服。爱屋及乌的周幽王，居然将原来的王后申后和太子宜臼全部废去，想要以褒姒和伯服取而代之。申后的父亲是申国的诸侯，当被废黜的消息传来时，申后大怒，奔回了父亲处哭诉自己的不幸。周王室的权威此时本来就所剩无几，而申侯又护女心切，一怒之下联合鄫国和犬戎向周幽王发起了进攻。

大兵压境，无力抵挡的周幽王燃起烽火台向诸侯求救，可诸侯却以为仍然是周幽王和褒姒的把戏，根本不予理睬。面对着蜂拥而至的犬戎，周幽王瞠目结舌，手足无措。于是之前的那一幕乱象便出现了，西周就此宣告灭亡。

犬戎轻易攻占了镐京后，又掳掠了不计其数的人口和财物，然后退兵而去。数日之后，得到消息的各国诸侯才先后赶到了镐京，可是为时已晚。周幽王和伯服死在乱军之中，而褒姒也下落不明。在申侯、鄫侯等诸侯的支持下，太子宜臼在申即位称天子，是为周平王。

此时整个镐京以及周边地区残破不堪、一片狼藉，完全没有能力防御西戎的二次进攻。周平王决定向东迁都，于是，在晋国和郑国的支持下，周平王将镐京中劫后余生的王公贵族、贵重财物等搬迁到成周（今河南洛阳），正式定都成周，史称"平王东迁"。

至此，周王朝由盛而衰，不过，周并没有如同商一样，被继起的诸侯取而代之，而是转化为诸侯混战、各不相让的新时代——春秋战国时代。

按下葫芦浮起瓢

武王伐纣，牧野一战，灭掉商朝，建立了西周王朝。为了巩固统治，西周统治者按照宗法制的原则，将土地分封给周王室的子弟以及有功之臣。武王、周公、成王时期，陆续封赏了七十一国。随着周王朝的扩张和贵族子弟的增多，诸侯封国日益增多，到春秋时竟然有所谓千八百国的说法。当然，在这千余国之中，必定有大有小，而且其名目也并非全部载于史册。史学研究者统计了《春秋》《左传》的记载，其中共有国家148个，而较大的则有齐、晋、楚、秦、鲁、曹、郑、宋、卫、燕、陈、蔡、吴、越等十四国。

之所以会出现诸侯国数量逐渐减少的情况，是因为，在西周时期的分封制中，对诸侯的管辖范围成为"邦域"，并有严格的限定，诸侯不能随意变更或离开领土。但是诸侯的邦域毕竟有大有小，从而造成了诸侯的国力也有强有弱，随着时代的发展，一些领土广袤、治理有方的诸侯国，其影响力逐渐跨越邦域，扩展到周围地区，构建了自己的势力范围。在强国势力范围内的小国家或者成为附庸，或者干脆为大国所灭。这种情况，在西周时期已经有之，到了春秋时期，随着周王室势力衰微，已经不能有效管制诸侯国之间的事务，于是野心勃勃的诸侯国之间往往爆发了激烈的兼并战争，小国沦亡的情况就更加寻常。据清代学者顾栋高统计，春秋时期，齐国兼并10个国家，晋国兼并18个，秦国兼并12个，楚国兼并42个；而像鲁国这种中等诸侯国也兼并了9个，宋国则兼并了6个。

在春秋时期诸侯之间的争霸中，地理位置起到了至关重要的作用。位于中原地带、交通便利的国家，或自然资源丰富、经济实力雄厚的国家，以及位于边疆、地域广袤的国家均先后强大起来，在春秋时期的政治舞台上留下了浓墨重彩的一笔。在十几个较大的国家中，位于东部的是齐国和鲁国。齐国是姜太公的封地，位于现在山东省东部，虽然看似远离中原，却"据渔盐之利"，在春秋时期发展得很快，后来成为一方霸主。

跨过泰山，鲁国就位于齐国的西南角。鲁国原本是周公的封地，和周王室关系亲密，因此也享受着特殊待遇。诗经中有这样的诗句："王曰叔父，嘉尔元子，俾侯于鲁，大启尔宇，为周室辅。"可见鲁国对于周王室的意义尤为重大。春秋初期，鲁国还一度在政治舞台上扮演着重要的角色，但后来对外受制于齐，对内受困于卿、大夫掀起的连绵不断的内乱，逐渐衰落下去。

位于南部的是楚国。楚国的先祖熊绎据说是祝融的后代,虽然经过周文王的册封,但由于地理位置游离于中原之外,一向被中原各国目为蛮夷。可是,正是这个蛮夷,在周昭王、穆王时一度与西周王室打得难解难分,逼得周王室在南方册封申国,作为防备楚人的前哨站。到春秋初期,日渐强大的楚国干脆自行称王,和周天子平起平坐起来。

位于西部的是秦国。秦国和楚国一样,虽然号称是名门之后(秦国国君据称是大禹治水的主要助手——伯益的后代),但亦因地处偏远而被视作戎狄。直到秦襄公时,适逢平王东迁,而秦襄公出力颇多,才正式被封为诸侯,随后又接收了西周的王室故地,从此逐渐成长为一方霸主。

位于北部的是晋国和燕国。晋国是周武王之子、周成王的幼帝唐叔虞的封地,原本称为唐国,后来因为晋水的原因,改称为晋国。平王东迁时,晋国也曾经参与其中。春秋时期,晋国长期陷于内乱,还出现了小宗攻灭大宗的情况。尽管如此,晋国国力始终很强,在春秋政治舞台上有着举足轻重的作用。晋国的东北是燕国,燕国的始祖是和周公旦齐名的召公奭。燕国地处东北,本来地势偏远,幸好是周王室的嫡亲子孙,才没有被中原诸侯排挤。不过,受到地理位置的影响,燕国在春秋时期也没有什么太大的动静。

中原地带——也就是今天的河南一带邻近周王室,诸侯国更是众多,形成犬牙交错之势。其中比较大的首推郑国,其实郑国立国颇晚,是由周宣王册封其弟王子友而形成。王子友颇有政治眼光,在西周末年的动乱中,他提前就转移了封地的财产和人口,因此郑国不但没有受到损失,反而因为在平王东迁时出力颇多、地位陡升,成为春秋初年中原地带的强国。

郑国往东是宋国。宋国是商朝王族的后代,作为前朝旧人,被封在中原地带原本是要接受四周周王室子弟的监视。可到了春秋时代,宋国居然凭借着有利地形还短暂地崛起,可惜其国力并不足以支撑其野心,因此霸权一瞬即逝。后来更沦为兵家必争之地,饱受战争的祸害。

卫国也是中原比较重要的诸侯国，它的历史也很悠久，是周文王之子康叔的封地。春秋时期，卫国曾经多次参与政治活动，表现也算活跃。令人称奇的是，也许是卫国太小，小到无足轻重，卫国之名一直存留到秦二世时才被正式废国。

到春秋后期，东南地区的吴国和越国也相继崛起。这两个国家原本也是"蛮夷"，但都先后以其强大的实力获得了中原霸主的地位。春秋时期风云变幻，错综复杂的政治形势就是由这些国家共同创造的。不过，春秋初年，各国诸侯势力还算相对平均，受制于相对平衡的势力范围，各个国家暂时还尊重名义上的"共主"周天子，共同抵御四方蛮夷戎狄的入侵，因此周王室虽然窘迫，倒也还能勉强维持稳定，惨淡经营。不过，这种情况仅仅持续了几十年。随着诸侯国实力的强弱变化，脆弱的平衡终于被打破。春秋时期的政治局势终究还是发生了天翻地覆的变化，率先发难的就是和周天子相距不远的郑国。

第二章

初露锋芒，郑庄公小霸中原

郑国内乱

在春秋初期的各诸侯国中，郑国与周王室的关系十分密切。公元前771年周平王东迁之时，郑武公便护送周平王到洛阳，并因护驾有功而被封为卿士，参与周王室的政务决策，还获得了很多土地作为封赏。第二年，郑武公又将郑国的首都迁到新郑（今河南新郑北），由于这里土壤肥沃、交通便利，郑国很快便成为当时最为强大的诸侯国。郑武公的妻子是申国国君的女儿武姜，她为郑武公生了两个儿子，大儿子是在她睡梦之中出生的（一说难产所生），因此命名为寤生；小儿子名叫叔段。寤生的出生很不顺利，所以武姜一直不喜欢他，再加上"百姓爱幺儿"，武姜十分偏爱幺儿叔段。

其实，母亲偏爱哪一个儿子并不重要，但是武姜的态度引起了郑国的一场内乱，起因就在于武姜极力劝说郑武公将小儿子叔段立为太子，在武公百年之后继承郑国的基业。但是在宗法制余威尚存的春秋初期，废长立幼在人们眼里简直是与开门揖盗一样危险的做法，于是郑武公很干脆地拒绝了武姜这个荒谬的请求。公元前743年，郑武公去世，寤生以长子的身份顺利继承了父亲的位置，史称郑庄公。武姜看到心爱的小儿子没能成为郑国国君，觉得十分心疼，便摆出母亲的架子，要求郑庄公将制邑，也就是今天河南汜水附近的虎牢关一带给叔段作为封邑。

郑庄公对母亲说："制邑是地势险要的关隘，虢叔就死在那里，实在不能给人，其他的地方您随便挑。"于是武姜便说："制邑不行的话，那就将京邑（今河南荥阳附近）封给他吧。"郑庄公一看无法再砌词推脱，只好答应了下来，将京邑封给了叔段，从此叔段就根据封地被称为京城太叔。当时郑国的大夫祭仲对郑庄公提出：京邑地盘太大，超过了整个郑国的三分之一，违背了先王之制，将京邑封给京城太叔，对郑国和郑庄公都是一件危险的事。郑庄公听了故作无奈地说："姜氏要这么做，我又能怎样呢？"祭仲说："姜氏哪有满足之日！请您早作打算，别让京城太叔的势力蔓延开来，否则后果将难以收拾。"郑庄公神秘地一笑，说："别着急，多行不义必自毙，等着瞧好了。"不久之后，京城太叔命令郑国的西部和北部边境臣服于自己，后来又干脆将他们划入自己的封邑，这样他的势力范围就到达了廪延（今河南延津附近）。看到京城太叔肆无忌惮地扩张自己的势力范围，公子吕多次对郑庄公提出警告："天无二日，民无二主，如果您想把国君之位拱手让给京城太叔，那就请放我去侍奉新君；否则就请您当机立断，铲除京城太叔，不要白白地让百姓生出二心来。"见公子吕真着急了，郑庄公好脾气地安慰他说："京城太叔不义，收揽的势力越大，离崩溃也就不远了。"就这样郑庄公毫无反应地看着弟弟的势力坐大，京城太叔很快羽翼丰满，便积聚军粮、修缮兵器和盔甲、集结军队和战车，打算攻击首都新郑。并且与母亲武姜提前联络好，由武姜作为内应，为京城太叔的军队打开城门。

郑庄公表面上对弟弟的势力扩张不管不问，其实暗地里早就派出了眼线在京城太叔身边探听消息。他们即将发动叛乱的计划一敲定，郑庄公很快便得知了消息，决定先下手为强，便命公子吕率领二百乘战车前去攻打京邑。京城的官民百姓毕竟还是忠于名正言顺的郑庄公，此刻又见到浩浩荡荡的二百乘战车气势汹汹地兵临城下，便纷纷背叛了京城太叔。众叛亲离的叔段仓皇逃到鄢邑（今河南鄢陵附近），郑庄公又派军队攻打鄢邑，叔段守不住鄢邑，只好再次出逃到更远的共邑（今河南辉县）。为了彻底铲除叔段的势力，凯旋的郑庄公将母亲武姜赶出宫廷，放逐到城颍（今河南临颍附近）软禁起来，还发下誓言说："不及黄泉，无相见也。"关于郑国的此次内乱，《春秋》上的记载很简略，只有九个字："夏五月，郑伯克段于鄢。"但是这九个字传达的信息很丰富。

叔段是郑庄公的弟弟、郑武公的儿子，但是此处既不点出他的弟弟身份，也不称呼他公子叔段，这是因为作者认为叔段身为弟弟却率兵叛乱想要攻打兄长，违背了孝悌之道，因此以这样的说法来表示谴责。而郑庄公是公爵，而此处称之为"郑伯"，是因为作者认为郑庄公身为兄长对于叔段没有善加教导以尽兄长之责，只是冷眼旁观弟弟走上覆灭之路，所以以这样的称呼来讥讽他。

"克"字在当时专指两国交战中一方战胜另一方，郑国内乱是郑庄公以兄伐弟，本来不应该用这个字，但是作者认为郑庄公和叔段二人哥哥不像哥哥、弟弟不像弟弟，双方就像敌国一样毫不留情地相互征伐，因此便用了一个"克"字。而点出克于鄢这个地点，则代表了叔段之所以被"克"是因为他犯上作乱，与国家为敌。《春秋》关于类似的齐人杀公孙无知的事件的记载就没有特地点明地点，这是因为其中并没有发生与国家为敌的情况。所以"于鄢"二字不仅仅说明了事件发生的地点，更点名了事件的性质。

就这样，"夏五月，郑伯克段于鄢"这短短的九个字就说明了郑国内乱发生的时间、地点、人物、结果、性质和双方的责任，堪称"微言大义"。叛乱结束后，没有善待母亲成为了郑庄公被人指责的话柄，于是他在颍考叔的建议下派人挖掘了一个深入地底可以见到地下水的隧道，然后请母亲武姜在隧道中相见。武姜与郑庄公毕竟是母子，何况郑庄公已经是她唯一的指望了，于是便很爽快地跟随郑庄公派来的人到隧道中等候自己的大儿子。

之后的事情非常具有仪式性，见到母亲的郑庄公赋诗曰："大隧之中，其乐也融融。"武姜也随之赋诗曰："大隧之外，其乐也泄泄。"在这次愉快而友好的会面之后，武姜得到了很好的侍奉，而郑庄公洗脱了不孝的罪名，再次成为受人称道的贤明国君，郑国内乱就此告一段落。

一箭射了个周天子

东迁之后的周王室，已经失去了它往日的荣光。然而传统的力量毕竟是巨大的，各诸侯国彼此之间投鼠忌器，虽然对周天子不再像以前那样尊重，却都不敢冒天下之大不韪公开挑战周王室的权威。有赖于此，周王室还仍然暂时保持了其天下共主的地位。不过很快，当时最强大的诸侯之一郑国就第一个出来打破了周天子的权威。在春秋初期的政治舞台上，郑国的风头可谓一时无二。在一代豪杰郑庄公的带领下，郑国先是平定了国内的叛乱，接着又在中原诸国的混战中纵横捭阖，依仗高明的外交手段和较为强大的军事实力，压过了宋、卫、陈、蔡等国。郑国的势力扩张得如此之快，以至于郑庄公已经不满足于做一名普通的诸侯了，他开始向周王室所谓的"权威"发起了挑战。

由于郑国在平王东迁时发挥了重要作用，而且郑国领土与周王室接壤，关系密切，因此郑武公和郑庄公先后进入周王室担任执政的卿。郑武公本就是权力欲极强的人，而郑庄公比起其父更是有过之而无不及。他们在周王室把持朝政，让周平王颇有掣肘之感。不仅如此，郑庄公时期郑国的四处扩张也让周平王感到了危机。为了削弱郑庄公的权势，周平王便决定以其忙于处理国内事务，无暇顾及朝政为由，将郑庄公掌握的部分职能转交给了虢国国君虢公忌父。虢国同样是平王东迁时的有功之臣，而且虢公忌父是又甚得周平王的宠信。平王如此这般，自然是想以虢国的势力来牵制郑国。可是，平王没有想到，领土狭小、国力有限的虢国怎么能是郑国的对手呢？消息传到新郑，郑庄公自然大为恼火，便赶到成周质问周平王这么做的原因。周平王眼见郑庄公气势汹汹来者不善，顿时没了先前做出决定时的胆气，知道郑庄公得罪不得，只好矢口否认了对郑庄公心怀不满的事实。可这样苍白无力的谎言怎么能骗得了老谋深算的郑庄公呢？为了安慰郑庄公，表明自己的对郑国的信赖，周平王只好表示愿意同郑国交换人质。郑庄公派出自己的儿子公子忽住到成周，而周平王则派出自己的儿子王子狐到郑国去。这一事件，史称"周郑互质"。

在那个时候，诸侯之间为了表示同盟的诚意，交换人质本是寻常之事，但"周郑互质"绝非如此简单。交换人质的一方，乃是此前君权神授、神圣不可侵犯的周王室。原本具有绝对统治权威的周王室，为了自身的安全考虑，居然不得不用交换人质的方法来确保和平，真可谓破天荒头一遭。这也说明周王室的地位实与普通诸侯无异。然而事情还远未结束，受到羞辱的周王室试图挽回面子，结果却遭到了更惨痛的教训。周平王五十一年（公元前720年），周平王逝世，其孙王孙林即位，是为周桓王。周桓王年轻气盛，对郑庄公更是不客气。他甫一上台，就重申要将周王室的政务全权交给虢公忌父。郑庄公对这一声明的回应则是命大夫祭仲带兵将周王室田土上生产的粮食抢了回来。这次硬碰硬的交锋，让周郑关系迅速恶化了。

周桓王八年（公元前712年），郑国刚刚攻下宋国的邴、刘、芳、邘四座城池，周桓王就表示要用自己的领地同郑庄公交换。郑庄公答应了此事，却没想到，周桓王接受四邑之后，拿出来的却是周王室无法直接管理、司寇苏子位于温地的采邑。郑庄公吃了这个大亏，一怒之下，这才有了前文所述与鲁国交换祊田的举动。

　　平心而论，周桓王虽然看似在几轮交锋中占了便宜，重新找回了周天子的威风，但周王室的确已经今非昔比，并非建立在实力之上的威吓，只能是有百害而无一利。面对前来朝觐的诸侯，周桓王居然不以礼相待；而作为天子，周桓王又用诈术骗取诸侯的土地，这两件事都大大败坏了周王室的身份和尊严。可是沉浸在"胜利"中的周桓王可并没意识到这些。到周桓王十三年（公元前707年），他干脆彻底解除了郑庄公的职务，并以其长期不朝见天子为由，召集了陈、蔡、虢、卫数国军队联合讨伐郑国。面对王师，郑庄公不甘示弱，也率领一众大夫统兵迎战。双方在繻葛（今河南长葛北）发生了一场激战，史称"繻葛之战"。

　　在这场至关重要的大战中，周王室摆出了传统的"鸟阵雁行"阵势，将军队分为左中右三军，周桓王自领中军，而由左右卿虢公忌父和周公黑肩各领一军分列左右。周军主力集结在中路，盟国军队则分属左右两翼。在战争主力还是兵车和步卒的时代，这是一种很正统的战法。针对周军的布阵，郑国大夫子元则提出了一种称为"鱼丽之阵"的阵法：全军仍然分为三军，但主将所率领的中军的位置则位于全军后方。主力集结在突出的左右两翼，并将步卒和兵车混合编队，全军形成密集的方阵。

　　按照子元的设想，战斗开始后，先以较强的两翼猛攻周军较弱的两翼，击溃对方后，左右军向中间收缩，对敌主力形成包围之势。而且，位于左右两军的诸侯国军队本来就不是真心参战，战意不强，士气不高，倘若被击败，必将四散奔逃，极大地影响周军的战斗力。郑庄公接受了子元的意见，命大夫曼伯、祭仲分率左右两军，自己率原繁、高渠弥坐镇中军；并下令以鼓声为号，左右两军同时出击。果然战事的进展一如子元的预料,两军交战,周军的两翼被杀得大败,主力随即陷入了郑军的重重包围。周桓王更是被郑国大夫祝聃一箭射中肩膀,只得忍痛负伤逃窜。最终,周郑"繻葛之战"以郑国的大胜而告终。得了便宜的郑庄公见好就收,他并未对周军赶尽杀绝,相反还在夜里派祭足问候了周桓王。

"繻葛之战"的影响是深远的,周王室残存的那点摇摇欲坠的权威,就这样被祝聃的一箭射落在地。原本代表正义和权威的王师,居然被区区诸侯以一国之力击败。在战争手段都无效的情况下,周天子已经对诸侯国没有任何威慑力了。威信扫地的周王室只能听凭诸侯国恣意妄为,"礼乐征伐自天子出"的时代一去不复返了。

我的地盘听我的

郑国虽然在周宣王时才立国,在资历上无法与其他老牌诸侯相提并论,但这也使郑国没有其他诸侯国的各种尾大不掉的忧患,反而能够另辟蹊径。原本郑国的封地位于镐京附近的郑(今陕西华县东),但开国国君郑桓公颇有才干,周幽王时他在王室担任卿,很早就看出了西周王室必将覆亡的局面。正所谓覆巢之下,安有完卵,郑桓公为了如何避免卷入周王室的覆亡中而苦思明哲保身之策。在一次和周朝太史伯的谈话中,太史伯分析了当时的政治形势,指出"济、洛、河、颍之间"没有大国势力,而且位于其间的东虢和郐两个小国国君"皆有骄侈怠慢之心",不妨对其恩威并施,在此处谋得侧身之处。

郑桓公接受了太史伯的建议,贿赂虢、郐两国国君,取得了十个城池。不久,果然周幽王烽火戏诸侯导致犬戎攻入镐京,西周宣告灭亡,整个关中之地也随着平王东迁不复为周王室所有。尽管郑桓公为国殉职,但郑国保存了下来,在中原地区立住了脚。郑国在中原地区占据的这块领土具有得天独厚的地理优势,特别是在地缘政治上表现得更为明显。其时,南方的楚国、东方的齐国、西方的秦国由于距离遥远,无法对郑国构成威胁,而北方的晋国在春秋初期发生了大宗和小宗的分裂，彼此之间征战数十年，无暇他顾。中原仅有宋、卫、陈、蔡几个与郑国不相上下的诸侯国，不足以对郑国造成实质性的威胁，而位于背后的周王室则能够给予郑国多方面的支持。

郑国与周王室关系始终很密切。在平王东迁中立了大功自不待言，而郑武公和郑庄公又先后在周王室担任卿，掌握了一定的实际权力。在平王东迁中做出贡献的几国诸侯中，秦国地处西北一隅，鞭长莫及，又尚未被中原诸国广泛认可；虢国国小势弱，发言没有底气；而晋国则陷于内乱，因此郑国俨然成了周王室唯一可以依赖的诸侯。郑国很巧妙地利用了周王室对其的信赖，常常打着周王室的旗号参与诸侯之间的事务，这在周王室权威尚未完全崩溃的春秋初期，可算是雄厚的政治资本。郑国凭借这一有利条件，获得了和其他大诸侯国平起平坐的地位，当时虽然还没有"挟天子以令诸侯"的说法，但郑国的所作所为和这一策略丝毫不差。

此外，郑国优越的地理位置还大大有利于郑国商业的发展，地处中原，水陆联结，四通八达，本就为交通运输提供了便利的条件，而郑武公和郑庄公亦十分开明，给予郑国商人充分的支持。他们先后和商人订立盟约，规定一方面国君要促进商业，给予政策上的倾斜，允许商人自由贸易；而另一方面商人也要积极纳税，从各方面给予国君支持。于是郑国的商业有了突飞猛进的发展，无数商人从新郑出发，东及齐鲁、南抵荆楚、西达周秦、北至燕晋，几乎在每个诸侯国都留下了他们的足迹。

发达的商业使郑国获得了丰厚的利润以及高额的税收，郑国利用这些收入大力发展农业和手工业，国力迅速强盛起来。具备了这些条件，又有像郑庄公这样的有为之君治理，郑国的坐大也就是情理之中的事了。繻葛之战的胜利，不仅让周王室蒙羞，也极大地震动了其他诸侯国。就在战争结束后的第二年，北戎进攻齐国，也是一方诸侯的齐国居然抵挡不住，只得向郑国求救，郑庄公当即派出太子忽率兵前往营救。郑军一到，北戎抵挡不住，大败亏输，郑军不仅斩首300余人，还生擒了北戎的主帅大良和少良。

感激涕零的齐僖公打算将女儿文姜嫁给太子忽,可太子忽却以"齐是大国,和郑国门不当户不对"为由,推掉了这门亲事。虽然从后来文姜的表现看太子忽的决定并没错,但敢于拒绝齐国的示好,这无疑是一个强国才能具备的行为。齐国对郑国的示好,使原本与郑国敌对的诸侯国也不得不改变自己的态度,主动向郑国靠拢。周桓王十五年(公元前705年),周王室原本赐予郑国的盟邑和向邑叛变了郑国,重新投向周桓王。郑国当即联合齐国和卫国攻打这两个城池。值得注意的是,卫国原本同郑国多年交战,如今也不得不和郑庄公合作。到第二年,郑国、齐国、宋国和卫国在恶曹之地会盟。曾经是郑国主要对手的宋国和卫国,终于向郑国低下了头颅。郑庄公称霸的局面正式确立了。

成为中原霸主的郑庄公很快就去世了,而史籍中也没有更多关于他的记载。1923年,在新郑出土了著名的"王子婴次炉",据有关专家考证,这位王子婴次很可能是郑庄公的儿子公子仪。按照周礼规定,只有天子之子才能称为王子,而诸侯之子只能称为公子。这件青铜器的发现,就很有可能说明郑庄公曾经有短暂的称王时期。

第三章

九合诸侯,首位霸主华丽现世

在齐国的国土上划了一道沟

鲁庄公三十年(公元前664年),曾经侵略过齐国的老对手山戎再次南下,袭扰中原,其中北方的燕国首当其冲,大片国土沦陷敌手,国都也被围困。十万火急之际，燕庄公派出使者突出重围到齐国去求救。

当初，为了建立齐国的霸业，管仲劝齐桓公打出"尊王攘夷"的旗号，一改秦、晋、楚等强国雄踞一方、各自为政的做法，奉周天子为尊，号召天下各诸侯国联合起来，共同抵御戎狄等部落的袭扰，这样就能让齐国自然而然地成为各国的盟主。如今，经过管仲的精心治理，齐国国力大盛，临近的鲁、宋、卫、郑等诸侯国也与齐国关系比较好，齐国正是处于对内繁荣安定、对外威望日隆的时候。如今接到燕国的求救请求，自诩"尊王攘夷"而又自信心十足的齐桓公自然不会拒人于千里之外。于是他决定亲率大军出征，既解救燕国于倒悬，又报当年的一箭之仇，而且防止燕国被灭，齐国唇亡齿寒。

此时山戎已入燕国3个月有余，一路烧杀抢掠，裹挟了大量的女子玉帛，贪欲已经得到了一定程度上的满足，而且很多将士沉湎于寻欢作乐，再也提不起冒死杀敌的精神。听说齐桓公亲率大军前来，山戎军队不敢恋战，收拾起战利品逃之夭夭。见山戎逃窜，齐桓公便召来管仲问计，管仲说："山戎不战自退，实力未损，极易卷土重来。听说山戎首领残暴嗜杀，受他胁迫的诸部落早有叛离之心，如今山戎军心不稳、人心不齐，如果齐燕两国合力追击，定可直捣其巢穴，歼灭其主力，以绝后患，保北方安宁。"齐桓公听了深觉有理，找到燕庄公商议此事，二人一拍即合，又联络了同样与山戎有仇的邻国无终国，一起率领部队追击山戎军队。此时山戎将士们正满载而归，高高兴兴地准备带着战利品回家享受，丝毫没有战意，谁知被齐燕联军衔尾追来，只得仓促迎战。本就无心恋战的山戎军一触即溃，丢下了不少财物和百姓。齐桓公下令善待被俘的山戎百姓，并从他们口中问出山戎军已经逃向了孤竹国（今辽宁朝阳境内）。于是决定继续追击，灭掉孤竹国，彻底安定北方。

此时，山戎首领已经率领残部逃到了孤竹国，并且将自己从燕国掳掠来的财物献给孤竹国主，以此换取孤竹国的援助。孤竹国主收下了财物，便派出了大将黄花率军支援山戎军，待齐燕联军一起应战。谁料齐燕联军锐不可当，经过一番激战，山戎和孤竹军联合起来也抵挡不住。见势不好，为了将功折罪，黄花决定使一招诈降计，将齐燕联军引入茫茫沙漠中的迷谷里，那里没有水源，而且路途难辨，没有向导的人很难走出来，故称"迷谷"。齐燕联军初来乍到、不知深浅，如果真的进入了迷谷，一定会在里面饥渴而死，到时黄花就可以不费一兵一卒取得胜利了。

为了表示自己的诚意，不使齐桓公起疑心，黄花杀掉了献出重金前来投靠的山戎国主，带着他的首级去见齐桓公。黄花在齐桓公面前编出了一套孤竹国君已经率部逃走去寻找救兵，自己愿意投降齐桓公的谎话，并且表示自己带领齐燕联军去追击孤竹国君，以除后患。齐桓公见黄花带来了山戎国主的首级，大敌已除十分开心，于是便轻信了黄花的话，率领大军继续北上。谁知进入沙漠之后，一不小心，黄花的部队就消失得无影无踪，只剩下齐燕联军在迷谷中不辨方向地乱转，齐桓公这才知道中计了。将士们得知在沙漠中迷失了方向，也十分恐惧，军心受到了极大的震动。

在此危急时刻，管仲想起了老马大多识得路途，于是建议齐桓公挑选几匹无终国从山戎那里得来的老马，放在部队前方带路。此时大军几乎已经陷入绝境，齐桓公也想不出什么更好的办法，就听从了管仲的建议，让大军跟在挑选出来的老马后面行军，不久以后果然走出了迷谷。后来齐桓公又听从了隰朋的建议，根据蚂蚁的生长习性找到了水源。经过休整，齐燕联军如狼似虎地挥师孤竹国报仇雪恨，很快就势如破竹地攻破了孤竹国的守军和山戎的残部，灭掉了山戎和孤竹国，消除了山戎对中原的威胁。

齐桓公此行灭掉了孤竹国、驱逐了山戎的势力、解救了燕国的亡国危机，在各诸侯国间声威大震，完满地达到了目的，于是十分满意地班师回国。燕庄公对于齐国来援的义举非常感激，于是为齐桓公送行，久久不愿分别。直到进入齐国境内的长芦（今河北沧州北），才依依不舍地分别。

根据周礼规定，没有周天子的命令，诸侯相送不可以出国界，送齐桓公入齐境虽然是燕庄公自愿的，却也是齐桓公的大大失礼。为了显示齐国的大国风度，也是为了收买人心，齐桓公当即下令，就地划沟为界，将燕庄公走过的五十里土地全部划归燕国。援救燕国、追击山戎是"攘夷"，划沟为界，赠土于燕是"尊王"，齐桓公这一招尊王攘夷玩得十分高明。从此之后，燕国成为齐国比盟友更加忠实的邻国，而齐桓公也在诸侯之间声望日隆，隐隐有霸主之势。

抗击戎狄

周朝以前，威胁中原的北方民族中，居于北方的称为狄，居于西方的称为戎。到了西周，鬼方和猃狁成为威胁中原的主要强敌，《诗经·小雅·采薇》中提道："靡室靡家，猃狁之故。不遑启用，猃狁之故。"为了扫平强敌，解决戎狄的袭扰，历代周王曾多次派军前去征伐，虽然曾经多次大获全胜，但戎狄的实力屡次死灰复燃。到了周幽王时期，犬戎强盛，王室倾颓，西周竟然灭于犬戎之手，以致周平王不得不东迁雒邑，重建周王朝。同时戎族也深入中原腹地，甘肃、陕西、山西、河南一带都有戎族分布，直到秦国兴起，经过历代秦公的开拓，到穆公时期秦霸西戎，这才解决了西戎对中原的威胁。

由于春秋时期周天子的权威衰颓，无力号召诸侯共同抵御戎狄，狄人变本加厉地入侵中原，他们的势力自山西、陕西一带一直向东深入河北、河南、山东地区。并且趁着中原各国之间相互征伐的机会大肆南侵，对中原诸国造成了极大的威胁。正是在这种背景下，齐桓公才举起了周王室已经无力举起的"攘夷"大旗，以抗击戎狄为借口，得以九合诸侯，一匡天下。河南北部淇水、卫河一带的卫国，在春秋初期是中原北部诸侯中比较大的一国，都城就是原来商朝的都城朝歌。身为一位春秋时期大国的国君，卫懿公既不爱好富国强兵，也不爱好扩张领土，他的爱好是养鹤，在宫廷中和都城附近的宫苑中，到处都有为卫懿公精心饲养的鹤。为了表示自己对鹤的喜爱，卫懿公还特意给它们授予爵禄，最上等的鹤与大夫同等，差一点的可以得到士的俸禄，还有专门的"鹤将军"，每次卫懿公外出游玩，就让它们在车前引路，像威武的大将军一样。

公元前660年，狄人大举南侵，直奔卫国而来，卫懿公赶快召集军队迎战，谁知将士们谁也不愿意作战。因为他们在战场上拼杀，即使立下功勋也很难获得爵位，而卫懿公却只会浪费财力物力给鹤封爵，这些将士们十分不满，于是他们纷纷说："国君派您的鹤将军去迎战吧！"卫懿公无奈，只得命人放掉所有的鹤，勉强收拢人心，集结军队，然后将玉玦交给大夫石祁子，请他凭此处理国家内政，又将箭矢交给大夫宁庄子，请他带领军队守卫都城，殷殷嘱咐道："以此赞国，择利而为之。"卫懿公将都城交托给石祁子和宁庄子之后，便披挂上阵，命渠孔担任御戎，为自己驾驭战车；命子伯为车右，护卫自己的安全；又命黄夷为先锋，孔婴殿后。此时狄人已经兵临城下，卫懿公带人在都城朝歌郊外的荥泽与狄人作战，卫军军心不齐，又是仓促应战，很快就溃败了。卫懿公守着卫国的大旗不愿离去，于是被狄人碎尸，只剩下一块肝脏。

卫懿公一死，再也没有任何人能够阻挡狄人的脚步，于是狄人大军攻入卫国都城，一番烧杀抢掠之后灭掉了卫国，有逃出去的卫人也遭到了狄人的追击。等到齐桓公闻讯赶来救援之时，幸存的卫人只剩下了730人，加上共邑、腾邑的居民才凑够了5000人。卫懿公的堂兄，卫宣公的孙子公子申收拾残余的百姓，召集仅余的大臣，在曹邑（今河南滑县西南）即位，史称卫戴公。齐桓公一开始听说狄人进攻卫国，并没有当回事，也没有发兵去救援，谁知不久以后就听说卫国被狄人灭掉，卫懿公也死了，才发觉事态严重。赶快派自己的儿子公子无亏带着三百战车、三千士兵到曹邑去帮助维持，又赠送给卫戴公国君所需的乘马、祭服五套，送给卫夫人华丽的鱼轩车和重锦，此外还有牛羊猪鸡狗等家畜各三百，还有一些建筑用的木材。得到了齐国的资助和护卫，卫国这才得以重建。

然而祸不单行，卫戴公即位不到一年就去世了，百废待兴的卫国再次陷入巨大的惶恐之中，此时流亡齐国的公子毁回到卫国即位，史称卫文公。同时，嫁到许国的卫懿公的妹妹许穆公夫人听说卫国被灭，悲痛欲绝，立即离开许国回卫国来帮助重建，同时还发挥自己的外交才能四处奔走，为卫国的重建征集援助。卫国的重建正如火如荼地展开，狄人的铁蹄又踏向了邢国。前一年，狄人就曾经攻打邢国，但是齐桓公耽于逸乐，不愿意派兵出战。但是管仲劝谏道："戎狄豺狼，不可厌也；诸夏亲昵，不可弃也。安逸享乐就像毒药一样，不可贪恋。岂不闻《诗经》云：'岂不怀归，畏此简书。'所谓简书就是告诫各国要共同抵御强敌。请您遵从简书的精神，发兵援救邢国。"齐桓公如醍醐灌顶，当即不敢再耽于逸乐，派兵打退了狄人，解救了邢国。

这一次，齐国如果置若罔闻，又何谈尊王攘夷呢？于是齐桓公邀集宋国、曹国的军队在聂北（今山东聊城）会合，一起去救援邢国。但是当联军赶到时邢国的国都已经被狄人攻破，狄人一番大肆抢掠之后，又放了一把大火将都城付之一炬。联军赶走了狄人，救了逃出来的邢国人，但是邢国的都城已经成为一片废墟，再也无法修复。于是齐桓公下令联军开到邢国人口比较多的夷仪（今山东聊城西），帮助邢国在此修建城墙，建立新的国都。有了齐国和其他各国的物资援助，邢国的新都城很快就建好了，邢国人兴高采烈地搬入新居，心情像回家一样高兴，故而史称"邢迁如归"。

然后，齐桓公又号召各国合力在楚丘（今河南滑县东）为卫国兴建了新的都城，重新过上安稳和平生活的卫国人很快就在新的土地上扎根，忘记了亡国的痛苦，故而史称"卫国忘亡"。齐桓公利用齐国在各诸侯国中举足轻重的地位，逐渐将黄河中下游一带的各国团结起来，共同抵御戎狄的袭扰。孔子说："微管仲，吾其披发左衽矣。"对齐国保护中原文化和中原百姓不受凌辱涂炭所做出的贡献给予了高度评价。安鲁、救邢、存卫是齐桓公称霸之路上的三大功业，通过召集各国共同"攘夷"，也为齐国日后九合诸侯以匡天下的霸业打下了坚实的基础。

第一个霸主出炉了

齐桓公通过抗击戎狄，救援燕国、卫国、邢国，辅助周太子登基等一系列尊王攘夷的行动，提高了齐国在各诸侯国之间的威望，逐渐拥有了霸主的地位。为了使这实际上的霸主地位进一步得到名义上的确认，齐桓公在鲁僖公九年（公元前651年），也就是周襄王即位后的第二年，在葵丘（今河南考城附近）大会诸侯，召集鲁、宋、卫、郑、许、曹等国在此集会结盟。各国国君如约而至，新即位的周襄王为了表彰齐桓公为天下安宁做出的丰功伟绩，特意派出太宰周公孔（也称宰孔）亲自与会，并将周天子祭祀祖先用的祭肉赐给齐桓公。由于周王室姬姓与齐国姜姓时代通婚，故而宰孔以周天子的名义尊称齐桓公为伯舅："周天子刚刚祭祀过文王和武王，特命我将祭肉赐给伯舅。"齐桓公赶快下拜行礼，宰孔说："等一下，天子还有命令。天子派我来时说，伯舅年高德昭、劳苦功高，加赐一级，不必下拜。"齐桓公听宰孔这么说，就停止行礼，打算直接接受祭肉。管仲赶快拦住，让齐桓公一定要对周天子表示出最大的尊重，不可违背周礼。于是齐桓公又神色恭谨地对宰孔说："天子威严容不得半点冒犯，小白岂敢从命免礼破坏礼法，令天子蒙羞呢？今日万万不可不下拜！"于是齐桓公从容下拜行礼，然后走上祭台接受了周天子的赏赐。

按照周礼，周天子祭祀祖先用的祭肉只能赐给姬姓诸侯，这次特意在诸侯盟会上派太宰将祭肉赐给姜姓的齐桓公，在各国诸侯面前表示了对齐桓公的殊荣尊宠，并以此举彰显了对齐桓公霸主地位的承认。而齐桓公在管仲的劝说下坚持跪拜行礼，是为了继续摆出尊王的姿态，以达到挟天子以令诸侯的效果。当年秋天，齐桓公再次于葵丘大会诸侯，以盟主的口吻发出命令："凡是我同盟之人，已经盟誓过之后，都要言归于好。"然后又对各与会诸侯申明周天子的禁令："不可壅塞泉水！不可多藏谷米！不可改立继承人！不可以妾为妻！不可使女子参与国事！"与此前齐桓公为了攻打戎狄和楚国而大会诸侯不同，这次葵丘之会的主题是呼吁和平，让同盟各国中止战乱、重新修好，为各国休养生息、恢复发展提供一个稳定的外部环境。同时也代表了齐国至少在名义上负起了代表周天子约束诸侯的责任和权力，标志着齐国的霸业达到了顶峰。

所谓"水满则溢，月满则亏"，齐桓公霸业的顶峰也代表着衰败的即将来临，周天子派来送祭肉的宰孔就敏锐地看到了这一点。宰孔完成了任务以后，就自己回去向周天子复命，正好晋献公听闻齐桓公在葵丘大会诸侯，也赶来参加，路上遇到了回程的宰孔，便请他过来询问情况。宰孔说："您不必去参加盟会了，齐桓公不注重涵养德行道义，却一味南征北战、开疆拓土，因此在北方讨伐山戎，在南方则征伐楚国，在西方就召集诸侯在此盟会。齐国的东方政策效果还不知如何，但西方这个盟会，我看效果并不好。晋国现在正有内乱，您还是专心平定内乱，不必外出了。"听了宰孔的话，晋献公觉得很有道理，于是便命人打道回府了。

春秋初期，周王室衰微，只有齐国、楚国、秦国、晋国是守卫边疆的大国。晋国在晋献公晚年陷入内乱，无力经营霸业；秦穆公尚在西方开辟疆土，不参加中原的会盟之事；而楚成王收服荆楚之地少数民族，享有广阔的土地，自立为王。只有齐国有能力有意愿主持中原的会盟，而齐桓公又能做到尊王攘夷、宣扬王道，因此诸侯才会服从他的号令。但是，齐桓公并没有认清自己成就霸业与时机、大势的重要关系，只是认为自己南征北战、功勋卓著、国家富庶、兵强马壮，因此剑锋所指，诸侯莫敢不从。齐桓公认为自己九合诸侯的功业堪比夏商周三代受命于天，于是打算封泰山、禅梁父，管仲三番两次以理相劝都不能阻止齐桓公。无奈之下，只好对齐桓公说："古人封禅，必须有鄗地的黍、北里的禾、江淮一带胜仗的三脊茅草、东海的比目鱼、西海的比翼鸟，然后祥瑞的灵物就会不召而至。现在凤凰和麒麟没有出现，佳美的谷物也没有生长出来，田里杂草丛生、乌鸦乱飞，这样的情况岂可封禅！"齐桓公无言以对，只好作罢。

齐桓公虽然并没有真正将封禅付诸实践，但是此事说明齐桓公的野心已经越来越大，而且被自己取得的成果冲昏了头脑。在这样的情况下，齐国的霸业走向衰落。

第四章
前仆后继，内乱初定霸业成

晋国崛起

齐国的称霸大业随着齐桓公的去世戛然而止，宋襄公的求霸梦想也在泓水之战中湮灭无痕，然而中原诸侯不会长久群龙无首，一个新崛起的诸侯国——晋国在历史舞台上扮演了重要角色。晋国始出于周成王弟唐叔虞。

《史记》记载，周武王一日梦见天帝将赐予他一个儿子，名字叫作虞。《左传》记载："邑姜方娠太叔。"根据各代记载考证，邑姜乃姜太公吕尚之女，后为周武王发的妃子，一日梦见上天对自己说："余命女生子，名虞，余与之唐。"不久之后，果然产下一子，手上有一"虞"字，即后来的唐叔虞。周武王去世后，年幼的成王继位，一日，成王和虞玩耍，将一片梧桐叶撕成玉圭的形状交给虞，戏言将封他为唐国的国君，此时，成王身边的史官以君无戏言为由立即要求给虞备车马赴唐国就任，这就是唐叔虞的来历。唐叔虞的儿子晋侯燮父徙居晋水，把唐国改名为晋国。五世之后的晋靖侯年代，晋国的历史开始有了准确的记载。而此时，天下风起云涌，国人暴动，世道颇为不太平，晋国就在这个时代开始崛起。

晋靖侯的重孙晋穆侯有儿子，长子名仇，少子名师，据传晋人师服曾预言，两子之名嫡庶颠倒，预示晋国将有一场动乱。晋穆侯死后，其弟殇叔自立为君，太子仇出奔，内乱开始。仇就是后来的晋文侯。此时，西周被犬戎所灭，中国历史正式进入春秋时代。《史记》载："平王之时，周室衰微，诸侯强并弱，齐、楚、秦、晋始大，政由方伯。"由此可见，晋国在春秋初期已经有所壮大。晋文侯仇去世之后，其子昭侯伯即位，将其叔师分封到曲沃城不久，晋国发生动乱，晋昭侯被人杀死，公子成师有意夺权，未果。

公子成师之后，其孙曲沃武公开始继续和晋国国君进行主宗的争夺，"曲沃武公伐晋侯缗，灭之，尽以其宝器赂献于周釐王。釐王命曲沃武公为晋君，列为诸侯，於是尽并晋地而有之"。鲁桓公二年（公元前710年），曲沃武公率兵进入陉庭，联合陉庭同晋国对抗，并于第二年春天俘虏了晋哀侯。但是由于没有得到周王室的正式承认，虽然此时曲沃武公的势力早已经超过晋国，武公还是没能够登上晋国君主的位置。是年，周恒王下令虢仲讨伐曲沃武公，武公败退曲沃。此后经过28年的积蓄，曲沃武公最终再次发动讨伐晋国的战争，最终攻陷晋国首都翼城，杀死晋侯。曲沃武公把缴获的晋国宝器都献给周釐王，以求得继承权的合法。收受武公贿赂的周天子遂授予其晋国君主的称号，即晋武公。也正是晋武公的努力，使晋国的实力大大增强，为后来春秋争霸中占有有利地位奠定了基础。

武公死后，其子晋献公即位。此时，晋国的东方，齐桓公势力已经相当强大。晋献公是一位十分有作为的国君，在他的带领下，晋国开疆辟土，先后伐灭霍、魏（此魏非战国之魏国，却是其龙兴之地）、耿等诸侯国。"西有河西，与秦接境，北边翟，东至河内"。

而晋献公最为人所熟知的是其讨伐骊戎时，娶美女骊姬及其妹。骊姬后生一子，当时的太子为申生，骊姬想设法使晋献公废太子立自己所生的儿子为太子。除太子申生以外，公子重耳和公子夷吾都是献公成年的儿子，且有较好的品性、能力，深得世人喜欢。骊姬设法将太子申生先调离都城，后设计使晋献公对太子申生产生间隙，申生最终自杀而亡。骊姬后又恐重耳、夷吾对自己的儿子构成威胁，遂以"公子重耳和公子夷吾和太子同谋"之罪要晋献公赐死二子。公子重耳、夷吾为避灾祸，先后逃亡。不久晋献公用假途灭虢的计策灭亡了南边的虢国和虞国，奠定了晋国成为春秋时期大国的基础。献公死后，骊姬之子奚齐即位，随即被大臣里克杀死。最终，夷吾通过秦穆公的帮助回归晋国，成为晋惠公。晋惠公随后处死里克，并且对国中许多大夫大开杀戒，失去民心。

晋惠公即位后，遇荒年，秦国以大米相助，次年，秦国饥荒，晋国却以怨报德，趁机攻打秦国，大败而归，晋惠公被俘。秦穆公的夫人为晋惠公之姐，经过一番求情后，秦国释放晋惠公，以太子圉当质子。后圉私自逃回晋国。晋惠公薨，太子圉立，是为晋怀公。而此时晋献公之子重耳还在逃亡。重耳逃亡期间，路过卫国，饥寒交迫，向一位农夫乞讨，农夫给了他一块黄土，重耳很生气，认为农夫是在戏弄他，随从狐偃则说道："这是上天要赐给我们土地啊！说明我们复国在望。"重耳意会，随后从农夫手中接过土块，继续前行。终于皇天不负有心人，鲁僖公二十四年（公元前636年），重耳得到秦国的帮助，秦穆公委派公孙枝率领秦军三千，保护重耳重返晋国。因为重耳早已声名在外，国内拥护者甚多，于是重耳杀死晋怀公，即位，是为晋文公。

据《国语》记载，晋文公即位后励精图治，任用贤才、修明政务、奖惩分明，是公认的好君主。他采取了一系列改革措施，"安排百官，赋职任功，弃责薄敛，施舍分寡。救乏振滞，匡困资无。轻关易道，通商宽农。政平民阜，财用不匮"。晋文公对晋国的崛起起着至关重要的作用。晋文公死后，其子晋襄公继位。随后秦晋两国友好关系破灭。晋襄公死后，年幼无知的晋灵公即位。此时，晋国的实力开始下滑。

随后晋成公、晋景公即位。春秋争霸剑拔弩张，楚庄王成为当时的霸主，齐国不断向晋国发起挑衅，随后两军在鞌决战，晋国打败齐国，将三军编制为六军，这些军队的领军成了以后在晋国专政的六卿，是为三军六卿。公元前403年，周天子封韩、赵、魏三家为诸侯，战国时代开始，晋国名存实亡，公元前349年，韩、赵两国杀晋君，晋亡。

秦晋之好

重耳到了秦国以后，秦穆公对他极尽礼遇，还将5个宗室女子送给重耳，其中还包括曾经嫁给晋怀公的怀嬴。重耳此时已经60多岁了，与秦穆公年龄相仿，耻于娶他的女儿为妻；更何况怀嬴是重耳侄子的妻子，如果娶了她就是叔夺侄妻，更加于礼不合，因此不愿意接受这桩婚姻。大夫胥臣劝他说："您到秦国来是打算寻求秦国的援助，回去将晋国从圈手中夺回来，今日夺了他的妻子又有何顾忌呢？况且今日我们为了回国而到秦国来，已经十分没有面子了，何必因为拘泥小节而放弃目标呢？"于是重耳便娶了怀嬴。

一次秦穆公设宴款待重耳，狐偃说："我不如赵衰言辞敏捷，请带赵衰去赴宴吧。"席间，重耳吟诵了《诗经》中"河水洋洋，北流活活"的诗句，表示自己对秦穆公的仰慕之情。秦穆公则吟诵记叙周宣王当年北伐玁狁事迹的《诗经·六月》一诗，暗示自己愿意支持重耳回国即位，让他有机会辅佐天子、匡扶王室。赵衰听出了秦穆公的言外之意，立即以重耳的口吻说："重耳拜赐！"重耳也降阶以稽首之大礼拜谢，秦穆公也降一阶回礼，赵衰又代重耳说："国君以辅佐天子的大任勉励重耳，重耳岂敢不拜！"秦穆公见重耳对自己如此恭敬，又懂得感恩，应该不会像晋惠公父子那样忘恩负义，于是便决定送重耳回国。而且想到晋怀公即位以后，在晋国很不得人心，他担心重耳在外会威胁自己的地位，便命令追随重耳在外的大臣们的家人将他们都召回来，否则就杀其全家。重耳的外祖父狐突不愿意召回狐毛、狐偃两个儿子，并且说："子之能仕，父教之忠；父教子贰，何以事君！"坚持不肯召回二子，就被晋怀公杀害了。

狐突在晋国是地位崇高的老臣，公子重耳和夷吾都是他的外孙，而且狐突是为大义而死，众大臣都十分悲愤，更加与晋怀公离心离德，希望重耳能够回国。大夫栾、郤等人听说重耳到了秦国，都暗地里派人来劝重耳带赵衰等人回国,并且答应在晋国做内应。鲁僖公二十四年(公元前636年),秦穆公亲自率军护送重耳回国。到了黄河岸边,秦穆公分一半人马给重耳,自己留一半人马在黄河西岸接应。上船的时候,公子重耳的随从把流亡时用的物品全都搬到船上,一样也舍不得扔掉。重耳见了说:"我回去做国君,要什么有什么,还要这些破破烂烂的干什么?"说着吩咐人们把旧物都扔在岸上。

重耳的舅舅狐偃把这一切看在眼里,心中十分难过。他想,公子未得富贵,先忘贫贱,将来怎么会是个好君主?于是,他捧着自己的玉璧对重耳说:"如今公子过河,对岸就是晋国。你内有大臣,外有秦国,我就留在这里吧。"重耳一听,十分诧异地说:"我全靠你们帮助,才有今日。大家在外面吃了十九年的苦,现在回去,有福同享,你怎能不回去?"狐偃说:"我这么多年来追随您巡游天下,犯下的过错无数,我自己都知道,您更是看在眼里。以前公子在患难之中,我还有些用处,现在公子回去做国君,自然另有一批新人辅佐。我们就好比这些旧物,不仅破旧不得用,更会让您想起以前的苦日子,还带回去做什么?"重耳听了,知道狐偃等人这么多年来为了督促自己四处求援,做了不少像强带自己离开齐国那样的事,他们这是担心自己即位以后因为之前的旧事施加报复。于是重耳诚恳地说:"所不与舅同心者,有如白水!"然后将玉璧扔到了黄河之中,狐偃这才放心地随重耳过了河。

重耳带领秦国的军队进入晋国境内之后,晋怀公也慌忙派出了军队进行抵抗,然而大家都知道这是公子重耳回国了,谁也不真心抵抗。于是大军势如破竹,逼近国都,晋怀公见大势已去,便逃走了,后被重耳派去的人杀死。晋怀公死后,重耳名正言顺地登上了国君之位,史称晋文公,此时重耳已经62岁了,他43岁逃离晋国,历经19年艰辛的流亡生涯,终于再一次光明正大地踏上了故国的土地。

晋文公虽然已经即位,但还是有一些忠于晋惠公和晋怀公的势力遗留下来,其中就包括晋惠公和晋怀公当年的宠臣吕甥、郤芮。他们担心晋文公会清算他们这些旧臣,于是决定先下手为强,在晋文公的宫殿中放火,然后趁乱杀死晋文公。为了加大成功把握,他们还找来了当年晋献公派去刺杀重耳的刺客寺人披一同商议此事。谁知寺人披并不看好他们的计划,随即就去求见晋文公报告此事。

这个寺人披当年奉命去刺杀重耳,晋献公命他三天到,他两天就到来,结果重耳来不及逃跑,被他追上斩下了一只袖子,几乎送了性命。晋文公还记得这个仇,因此不愿意见他,还派人去骂他:"当年献公命你去杀我,给了你三天时间,结果你两天就到了,虽然这是国君的命令,但你也太急不可耐了吧?你斩下的袖子还在呢,你还是赶紧走吧。"寺人披笑了,他说:"遵从国君的命令是自古有之的制度,除掉国君厌恶的人,身为臣子,唯当尽力而已。管仲当初辅佐公子纠与齐桓公争夺国君之位,并用箭射齐桓公,但齐桓公仍然不计前嫌,任用管仲为相。如今您既已即位为君,臣自当全心全意侍奉您,如果您一味追究旧事,那么曾经对不起您的大臣太多了,又岂止我一个?"晋文公听侍者传了寺人披的话,觉得非常有道理,便召见了他。于是寺人披将吕甥、郤芮的阴谋告知了晋文公。晋文公悄悄地找到秦穆公商议此事,二人计议已定,便依计行事。到了寺人披所说的日子,晋文公的宫殿果然燃起了大火,吕甥、郤芮趁乱进入宫殿寻找晋文公,却怎么也找不到,他们一路追索到黄河岸边,秦穆公早已设下埋伏,将他们一举擒杀。

此一役,晋文公清剿了晋惠公父子的残余势力,也震慑了心怀不轨的大臣们,稳固了自己的地位。事后,晋文公将5位嬴氏夫人迎回了国内,秦穆公还留下了三千卫士给晋文公,帮助他稳定国内局势。

第二卷
谁主沉浮，新旧交替的争霸之路

第一章

累世而兴，荆楚之地的大国

筚路蓝缕，楚国源起

随着社会的发展、历史的进步，中原周边的地区也逐渐发展起来，除了秦国在西方称霸，南方也崛起了一个足以称霸的大国——楚国。顾名思义，楚国就是在南方荆楚之地建立的国家。

楚国兴起于春秋初年，位于中原以南地域。楚国的祖先可以上溯至黄帝之孙颛顼。颛顼是"五帝"之一，又称为高阳氏，因而楚人屈原在其《离骚》中自表："帝高阳之苗裔兮。"颛顼以下代代相传，依次诞生了称、卷章、重黎。重黎作为颛的曾孙，担任帝喾高辛氏的火正，掌管宗教。重、黎本来是两个氏姓，因氏族发展融合而合并为一。重黎担任火正，具有取火存火以照明天下的能力，因而又被赐名为"祝融"，乃是"大明""光明正大"之意。重黎在共工氏叛乱中被帝喾委任平叛，但执行不力，没有将叛军赶尽杀绝，因而触怒了帝喾，招来杀身之祸。重黎死后，他的弟弟吴回接任了他的职位，仍为火正，被称为"祝融"。

吴回之子名为陆终，陆终又生六子，分别是：昆吾、参胡、彭祖、会人、曹姓、季连。几个儿子的名字皆与其所封之地有关。季连姓芈，是楚国王族的先祖，他的后人或散落在各个城市，或远赴边远地区，史书中记载寥寥，无法详细得知。不过以族裔中其他分支的命运作为参照，昆吾和彭祖的后代也都一度兴盛，然而先后为商汤、商纣所灭。

而楚国先人各个族裔在当时频繁的部族争战以及强势的商朝不断挤压中向南迁移也属正常行为。

直到商末周初，季连的后人中有一支叫作鬻熊，鬻熊一面依附于当时已经风雨飘摇的商纣王朝，另一方面大力支持新兴的周朝，为西伯姬昌出谋划策，后来在周文王的朝中成为元老重臣。这样的荣耀，在很大程度上提高了族群地位，并在后世很长时间成为了楚国赖以生存和谋求发展的政治资本。

鬻熊的后人熊绎所处的年代是周成王时。熊绎本身立有功勋，加之祖上又是有功之臣，因而被成王赏赐一块封地，位于南方，定都于丹阳，也就是现在的湖北秭归，这就是楚国最初的雏形。事实上这次封赏的象征意义远大于实际意义，这意味着楚国作为一个诸侯国的存在得到了周天子的承认。除了熊绎之外，当时共同侍奉周成王的还有鲁公伯禽、卫康叔子牟、晋侯燮、齐太公子吕伋等人，这也初步体现了以周成王为中心的诸侯分布情况。熊绎得到的封地，面积虽然不大，质量却极高，首先它处于三省交界之处的战略要道，地理条件优越；其次地势平坦，土地肥沃，可以说极尽地利，为楚国的生存发展创造了重要的先决条件。

然而楚国和周王朝并不是铁板一块，原因在于周王朝始终把楚国当作"蛮夷小邦"来对待，虽然承认其存在，却不给予相应的尊重和政治地位。楚国国君在天子会盟的时候只是被喊去做一些杂务，却无法列席诸侯，这之于楚国而言无疑是一种屈辱，于是楚国对周王朝心怀不满也就自然而然了。而周王朝对迅速兴起的楚国也采取提防打压的政策，甚至数次出兵劫掠征讨楚国。不过楚国羽翼渐丰，已非吴下阿蒙，在面对周王朝的讨伐时非但没有吃亏，还屡屡取胜，把周朝打得没有还手之力，不仅丧失了"六师"，连国君（周昭王）都"客死"。

周夷王姬燮主政天下的时候，周王室进入了衰退阶段，诸侯国纷纷怀有不臣之心，而各诸侯国发展的不平衡导致互相讨伐的事情很多。楚国的掌控者，熊绎后人熊渠此时也发展了自己的势力，发兵攻打周边小国，将土地扩张到江汉流域，通过一系列政策，得到了民众的拥戴。熊渠的扩张，使楚国占据了庸、杨粤、鄂等地，这些地方盛产粮食、铜矿，这为楚国经济、军事实力的壮大提供了有力保障。

楚国势力的增强，使熊渠的底气越来越足，他不满周王朝给他的封号名分，于是封自己的长子熊毋康做句亶王，次子熊红做鄂王，幼子熊执疵做越章王，都属于自立名号，分布在长江沿岸楚国边远地区。

周厉王即位后，十分暴虐，熊渠担心楚国安危，便放弃了自封的这些名号。熊渠死后长子熊毋康继位。毋康早死，熊挚红即位，但是他的弟弟熊延杀了他篡位。熊延生下了熊勇。熊勇六年，周厉王因其暴虐无道遭到国人讨伐，最终不得不出逃。自这一年后，楚国有了较为明确的历史纪年。

4年之后，他的弟弟熊严接替了他，十年后卒，其长子熊霜继位。熊霜死后，他的三个兄弟为了争夺王位互相残杀，最终季徇胜出，是为熊徇。熊徇去世后熊咢继立，之后是熊仪继立，即为若敖。

在这期间，周王朝由周宣王执掌大局。周王朝和楚国战事不断，互有胜负。通过一件事可以看出楚国已经进入了周宣王的政策重心之中，这就是周宣王把申伯迁移到了谢邑，建立申国，以防楚国入侵的原因。申国的建立，的确起到了遏制楚国的作用。

周宣王死后，其子周幽王即位，就是一手炮制了历史上著名的"烽火戏诸侯"的昏君，在其失信于天下的那一刻起，他的悲剧命运就此注定了。若敖即位20年以后，也就是公元前771年，周幽王姬宫涅死于犬戎的叛乱，周王室向东迁徙，西周就此灭亡，东周时代开始，然天下已乱，周王室日渐式微。

7年之后，若敖也去世了，熊坎继立，称为霄敖。熊昫继立，是为蚡冒。蚡冒死后，其弟熊通杀死了他的儿子，篡夺了王位。熊通上位后，自立为楚武王。楚国此时已经在若敖、蚡冒的励精图治下发展多年，兵强马壮。楚武王接手的可以说是一个冉冉兴起的南方国家，已经初步具备一统江南的资本。武王对内进行政治治理，对外进行征讨，不断拓宽疆土，使楚国得以进一步强盛。在其长达51年的执政时间里，楚国处于一个前所未有的安定局面，在政治、经济等各方面奠定了春秋大国的基础。

荆楚第一王

楚武王接手楚国的时代，对于各个诸侯国而言，既是一个最好的时代，也是一个最坏的时代。周朝由盛转衰，对诸侯的控制力度逐渐削弱，诸侯国可以伺机发展壮大自己，甚至从周王朝那里占得便宜。然而，各个国家因为地利、人和等因素不同导致了彼此间发展的严重不平衡，大国吞并小国，强国吞并弱国。身为国君者绝不敢掉以轻心，带领国家在动荡不安的大环境中艰难地求生存、谋发展。

各国内部也不平静，国家的发展扩张会带来相应的权力分化，利益分配的不均导致内部矛盾的滋生，当矛盾无法调和时，就会发生亲族残杀的事情，以这样的方式完成权与利的洗牌和再分配。代价就是国家在激烈的内耗中动荡不安、停滞不前。例如：晋国五侯被弑；鲁国，公子翚弑鲁隐公；郑国，庄公克段于鄢；齐国，公孙无知、连称、管至父三人弑齐襄公。

反观楚国，内部政治局面相对稳定，楚武王权力集中，手下亦有能人襄助，在经济文化方面发展平稳。外部扩张并不激进急躁，充分消化占领的版图，使其真正成为生产力的有效构成部分。

鲁桓公八年（公元前704年），楚武王在沈鹿举行会盟，在周边国家中，只有随国与黄国没有来。武王一方面派薳章去谴责黄国，另一方面出兵亲征伐随。随君不听良将忠言，反而采纳少师浅薄之语，贸然出兵。楚、随二国会战于汉、淮之间，随军大败，国君溃逃，少师遭俘，不得不罢战求和，与楚国签订城下之盟。经此，楚国名动四方。

一年之后，巴国遣使来到，言愿帮助楚国结识邓国，希望借此能和楚国通好。楚国于是派使者和巴国使节一同赴邓。然而在邓国境内竟然遭到劫杀，二人均遭毒手。楚国问责，邓国推托不肯认错。于是楚国联合巴国共同发兵，攻击邓国。邓军三次进击巴军皆不得手，楚军将领大夫斗廉将楚军匿于巴军之列，诈败引诱邓军追击，待其孤军深入后合围，邓军不敌。

鲁桓公十一年（公元前701年），楚国又挫败了郧、随、绞、州、蓼五个小国合力攻打自己的阴谋。屈瑕、斗廉二人，在未将局势报予楚王、没有请求援军的情况下，兵分两路，前者抵御四国联军，后者突袭郧国都城，大获全胜，并成功与贰国和轸国缔结盟约。次年，为了报复，楚国讨伐绞国，利用绞国急躁轻浮、贪图小利的心态，采用诱敌策略，攻破了绞国的城池。

但是楚国的胜利并没有一直延续下去，两年以后，此前战功累累的屈瑕领兵攻打罗国，过往不断的胜利麻痹了他的心性，让他变得骄纵狂傲、刚愎自用，在军队渡河之时不加提防，遭到突袭，惨败，缢于荒谷之中以谢国人。这一败严重挫伤了楚国的锐气，打击了楚国的国力，导致楚国在以后数年都处于休养生息之中，停下了外扩的脚步。

鲁庄公四年（公元前690年），此时楚国已经养精蓄锐十年，农业、手工业、军力都稳中有升。特别是在军备上，大力发展戟兵，利用戟作为矛、戈复合体既能刺又能砍的特点研发出了新的作战阵形——"荆阵"。同年，随侯迫于周天子压力，为自己承认楚王的自封而赔礼认错，这触怒了武王，并惹来了兵祸。

楚王年届七十，仍要率军亲征。临行前忽感心神不宁，遂问于夫人邓氏，夫人叹道武王年岁已尽，命不久矣，感到心神不安乃是祖宗召唤，率军出征凶多吉少，能保大军不失已是幸事。武王不听，执意亲征，途中病发死于树下。

武王在位50余年，将楚国由一个地方性强国，治理成能够称霸一方、震慑诸侯并觊觎中原乃至撼动周朝的大国。在他的领导下，楚国屡战屡胜，吞并疆土，成为江南地区名副其实的霸主。

第二章

重振雄风，重新登上霸主巅峰

晋国的中兴

卿大夫势力的日渐强大，是晋国建立以来一直面临的问题，赵氏、郤氏以及栾氏和中行先后执掌国政，对君权构成了极大威胁。此问题不仅在对外政策上影响了晋国的决策，导致了晋国接受了不利的弭兵条件，在国内政治方面也造成了很不利的影响。

鲁宣公二年（公元前607年）九月二十六日，赵盾"弑"君，赵氏卿大夫在朝中不可一世。景公之时，诛杀赵同、赵括，赵氏力量被极大削弱，但赵武重立之后，赵氏的势力又渐渐恢复起来。

而至厉公时期，公族卿士中力量最强的是郤氏，郤锜、郤犨、郤至，叔侄三人共列八卿，家族势力达到鼎盛，朝中诸卿无不惊惧。而鄢陵之战后，三郤自以为在晋军大败楚军的过程中立下了盖世奇功，更是不可一世。而郤氏力量的强大，直接威胁到了晋厉公的统治，鄢陵之战后，晋厉公便一直图谋除掉这些强横的士大夫，代之以自己的亲信部下，尤其是自己诸多宠妃的兄弟。

厉公其中一位宠妃的兄长名叫胥童，此人因父亲胥克为郤氏所废而深恨郤氏，欲除"三郤"而后快。而厉公的另一位大臣栾书也因为郤至在鄢陵之战中没有采纳自己的计策而打败楚军而心生怨恨，于是重金贿赂楚国，令其欺骗厉公说鄢陵之战乃是郤至为了迎立公子周而串谋楚国发动的，只是因为其他盟国尚未准备好才没有成功。栾书还设计让郤至到周京与公子周相见，这让原本就对郤氏心怀疑忌的厉公更坚定了除掉这一家族的决心。

而由于郤氏一族平日十分骄横，晋国朝野中对其怀有怨恨的人很多，晋厉公指使胥童、夷羊五、长鱼矫带领800名兵士夷灭三郤，胥童趁机逮捕了中军元帅栾书和中行偃等人，要求厉公一并诛灭这些在朝中掌权已久的卿士大夫。而厉公此时偏存妇人之仁，表示不愿因一己之私而杀害更多人，于是释放栾书、中行偃，并派人去慰问。

两人虽然表面上感激国君的不杀之德，但心中对晋厉公十分疑惧，加之晋厉公素日十分残暴，朝中大臣多将其看作夏桀、商纣之类的暴君。晋厉公灭三郤的次年，栾书串通中行偃将厉公捕系下狱，派程滑将其杀于狱中，死后仅以车一乘薄葬于翼东门，长鱼矫奔狄，胥童被杀，厉公的亲信几乎被夷灭殆尽。

厉公被杀是晋国自灵公之后的又一次大动荡。而栾书诛灭厉公之后，又以国不可一日无君为借口派遣荀罃、士鲂等人前往雒邑迎接公子周，而公子周也正是在这种内忧外患的局势下登上了晋侯的宝座。

公子周即位之初，年仅14岁，是为晋悼公。悼公的祖父捷是晋襄公的儿子，虽因年幼不得即位为国君，却得晋襄公宠爱，号称"桓叔"。桓叔生下惠伯谈，谈即公子周之父。因为晋国"不蓄群公子"的国策，桓叔这一支被安置于雒邑。而公子周虽然年幼，在雒邑之时已经颇有贤名，通晓诗书，德行高尚，对天下大势也了如指掌。

鉴于晋国内部持续二三十年的激烈斗争以及臣下屡次弑君的情况，公子周虽然受邀回国却始终保持着高度的戒备心理。厉公死去10天后，公子周在栾书等人的逢迎下至晋。到了绛地，公子周与诸卿士大夫杀鸡为盟，诚告诸臣曰："寡人羁旅他邦，且不指望还乡，岂望为君乎？但所贵为君者，以命令所自出也。若以名奉之，而不遵其令，不如无君矣。卿等肯用寡人之命，只在今日。如其不然，听卿等更事他人。孤不能拥空名之上，为州蒲之续也！"

晋悼公这席话，看似是与诸臣寒暄，实则是对栾书等人势大欺君的罪恶行径予以严厉的指责，也是逼臣下向自己盟誓要忠于新君。年仅14岁的晋悼公也从此承担起了中兴晋国的重担。

悼公即位之后，也确实励精图治。他首先致力于整顿内政，先是处理厉公朝的余恶，以"逢迎君侯于恶之罪"将夷羊五、清沸魋等5人斩首示众，并将程滑杀掉，而对于犯上作乱但又对自己有拥立之恩的栾书，则贬斥其养老，另将其嫡长子栾魇提拔到朝中为官。

随后，悼公便着手于国计民生，减轻赋税，放宽刑罚，免除百姓对官府及贵族的债务，对鳏寡孤独之人予以照顾，援助灾荒，禁止邪僻侈荡之事，并严格规定不准侵犯农时，对国家、大夫、卿士兴建土木工程亦有所限制。

而在对外关系上，晋悼公也有自己的一套理念。即位第二年，晋悼公即召集鲁、宋、卫、曹、邾在戚地（今河南濮阳北）相会，采纳鲁国仲孙蔑"城虎牢以逼郑"的建议，最终使郑国脱离楚国而向晋国靠拢，而陈国随后也来归顺。悼公同时采纳了大夫魏绛的建议，与戎狄修好，从而免除了南征楚国时的后顾之忧。

经过这一系列雷厉风行的行动，晋国终于具备了南下与楚国争雄的实力。晋悼公也逐渐通过保宋、和戎、联吴及疲敌战法的实施，使晋国出现了"国无滞积，亦无困人，公无禁例，亦无贪民"的富强局面，逐渐恢复了晋国的霸业，形成了天下诸侯、以晋为大的霸主地位。

回炉重铸的霸主晋国

晋悼公谋求霸业的努力，在邢丘会盟时达到了顶峰，标志晋国在君臣上下的努力下达到了全盛时期。

邢丘在今河南温县东，鲁襄公八年（公元前565年），夏五月，晋悼公召集鲁季孙宿、郑简公、齐大夫高厚、宋将向戌、卫宁殖、邾大夫等人，于邢丘会盟。而在此之前，悼公刚刚召集鲁侯、宋公、陈焕、卫侯、曹伯、莒子、邾子等人在会盟，商量援救陈国之事。

陈国的关系与郑国相似。春秋早期，陈国依附于郑国，郑国甚至左右了陈国君主的废立。而自郑庄公去世后,郑国衰落,楚国渐渐强大,陈国便又开始依附楚国。城濮之战后,晋国打败楚国,晋文公成为春秋五霸之一,原本亲楚的陈国也渐渐倒向晋国。但陈国亲晋背楚的行为遭到了楚国的报复,在楚国的军事打击下,陈只得重新依附于楚。但是陈国的行为又引起了晋国的不满和打击。如此一来,陈国也只能像郑国一样在两大强国之间摇摆不定,也因此不断遭到两国的侵袭。

鲁襄公三年(公元前570年),晋悼公邀集诸侯在鸡泽会盟,原本不在会盟之列的陈国因受不了楚国的极度压榨,主动派使者到鸡泽谒见晋侯,请求议和。楚国得知后,一方面自己发兵进攻陈国,另一方面也授意其盟国从侧翼进攻陈。为了救陈,晋悼公又多次召集诸侯会盟。

两年之后,楚国再次攻打对其不忠的陈国,悼公则邀集鲁、宋、卫等与吴国在戚地会盟,派诸侯各自出兵,合力戍守陈国。

而除了陈国之外,在晋、楚两国之间左右摇摆的还有郑国。晋悼公也一直将服膺郑国,使其加入自己的联盟作为中兴晋国霸业的重要目标之一。

郑国被挟持在春秋时期的两大强国之间,倒向楚国则受晋国讨伐,倒向晋国则受楚国攻击,欲求中立而两国皆不首肯,因而深受战争之苦。后来,郑国国君听从臣下建议,干脆以两国势力强弱为依据,哪一国强就倒向哪一方。

鲁襄公八年(公元前565年),为了激怒楚国,郑国派军队进犯归附楚的蔡国,俘虏其司马公子燮。而这一年恰恰也是晋悼公主持邢丘会盟之年,悼公召集了郑、齐、宋、卫、邾等国会盟,提出了统一各国朝觐享聘的礼金的标准的要求,要求各国诸侯的大夫听从命令。而参加会盟的郑简公为了表示对晋国的忠心,将蔡国俘虏当众献给悼公,并亲口表示此后唯晋国是从。邢丘会盟,服膺郑国,这成为晋悼公成就霸业的标志。

但是,到了这一年的冬天,楚国为了报复郑国侵犯蔡归晋之罪,发兵攻打郑国。在楚国大军压境的情况下，郑国统治者内部又发生分歧：大夫子驷（公子騑）、子国（公子发）、子耳（公孙辄）要求归顺楚国，子孔（公子嘉）、子蟜（公孙虿）、子展（公孙舍之）则建议等待晋国援军，仍然坚持归附晋国。最后，郑国内部降楚派占据了上风，郑国最终又皈依了楚国。

于是第二年，晋悼公准备伐郑，并召集宋、卫、曹、莒、邾齐等国联合发兵。不久，诸侯的联军包围了郑国都城，郑国非常害怕，于是又派人向悼公求和。而此时，晋国君臣内部的观点也产生了分歧，荀偃主张包围郑国同楚国决战，认为只有彻底击败楚国后才能让郑国诚心归附；而知罃则认为，两强相争，极有可能双方都遭到削弱，因而不主张同楚国力敌，并为悼公制定了"疲楚"之法，从郑国退兵，诱使楚国攻打晋国，晋国则将上、中、下、新四军分为三部分，再加上诸侯的军队，使其轮番进攻楚军，楚军远道而来，本就疲惫不堪，粮食辎重也无法及时补充，再加上与晋国三军以及诸侯军队轮番作战，肯定难以长久支撑。

晋悼公听取了知罃的意见，从郑国撤兵，稍后在戏与诸侯及郑会盟。但是，在这次盟会上，郑简公没有全部答应晋国的要求，因而不久之后晋国又率领诸侯军队围攻郑国。而楚国因为郑国参与了晋的盟会，以为其与晋结盟，于是也发兵攻打郑国。郑国处于两个大国的夹击之下，狼狈不堪，最后又向楚求和，双方在郑国的都城中盟誓罢兵。

晋悼公在此次与楚争夺郑国的过程中失利后，并下令暂时息兵，回国实行休养生息的政策。他听从大臣魏绛的建议，将府库中积攒多年的粮食布匹都拿出来贩售给百姓，不久又命令士族公卿也将自己积聚的货物粮食贷给百姓，同时带头提倡节俭之风，削减公室用度。一年之后，晋国国力大增，国内经济状况得到了极大改善。

而此时，郑国因为受命于楚，多年之来充当楚的先锋连续对外作战而疲敝不堪，导致民众最终发生了暴动。暴动的百姓将公子騑、公子发、公孙辄都杀死，国君郑简公也被劫持。后来，大夫子产设法平定了叛乱，改由公子嘉执掌国政。

晋悼公趁郑国祸乱，再次召集诸侯军队围攻郑国。悼公听取了鲁国的仲孙蔑的建议，在郑的虎牢和梧、制三地筑城戍守，对其进行威慑。不久，郑国有意攻打晋的盟国宋，晋于是又命令诸侯从四面围攻郑，晋悼公与正卿韩厥则在郑国南门外阅兵，并不断向郑国增兵，郑人终于又向晋屈服。

公元前562年秋天，晋与郑以及其他诸侯在亳（今河南郑州）会盟，晋悼公规定：凡是参与同盟者需要互相扶助、救济，不得庇护罪人、收留奸佞，相互之间要互通有无，不能独占江河湖之利，要同仇敌忾，勠力辅佐王室。

但不久之后，楚国得到晋的仇敌秦的援助，在其支援下又发兵攻打郑国。郑国抵挡不住，只得又违背晋盟，向楚表示屈服。

于是，九月，晋悼公再次率领盟军攻打郑国。在晋国盟军压逼下，郑国还是服从了晋。随后，晋国又在萧鱼主持会盟。这一次，郑国子展向晋悼公送了厚礼，包括兵车百辆，美女十六人等，晋悼公因此才允许郑国再次与自己结盟。

至此，多年来在晋、楚之间摇摆不定的郑国基本确定了依附晋国的趋向，晋悼公在与楚争夺郑国的斗争中最终取得了胜利。而南方的吴王寿梦也主动前来归附，要求加入晋国的联盟。如此一来，楚国在东部边境上受到牵制，更加不敢轻举妄动，晋国在晋楚持续百年的争霸拉锯中基本获得了主动权。

可以说，晋悼公的确是一位有才华、有手腕的君主，其在对楚的斗争中接连取得胜利，并北结戎狄，使周边的小国诚心归附，使晋国走向了复霸之路，达到了历史上的又一巅峰。

只可惜天妒英才，鲁襄公十五年（公元前558年），年轻的晋悼公突然染病，不久便溘然长逝，而悼公薨逝之时，尚不满30岁，晋国的复霸之路由此中止。

第三章
大国中兴，好运与智慧兼具的齐景公

天上真能掉馅饼

正当称霸多年的晋国人心尽失、雄踞南方的大国楚国也几乎被毁于一旦之际，沉寂多年的齐国又悄然复苏，一位英主的即位使齐国人又看到了称霸的曙光，然而这位英主的即位是一场内乱造成的意外。

齐国棠公和东郭偃是亲戚关系，棠公的妻子是东郭偃的姐姐，而东郭偃又是崔杼的家臣。崔杼是齐国重臣，政绩卓著，对外征战也是战功赫赫，深得齐灵公器重。崔杼经常陪同太子光造访其他诸侯国。齐灵公死后，太子光即位，史称齐庄公。

齐庄公和他父亲一样对崔杼宠爱有加，君臣关系非同一般。

且说棠公仙逝，东郭偃和崔杼前去吊唁。看到棠公美貌的遗孀之后，崔杼心为所动，于是旁敲侧击地暗示东郭偃，想娶他的姐姐过门。东郭偃乃是聪慧之人，于是对崔杼讲："男婚女嫁不仅要门当户对，而且要辨别姓氏，姓名匹合方可嫁娶，我是桓公的后代，您是丁公的后代，不可结为亲缘。"

崔杼回去之后占卜，求得《困》卦变成《大过》，许多太史都认为这是吉兆之卦，只有宋文子面露担忧之色，对崔杼说："丈夫像一阵风，风把妻子吹落，这样是不能嫁娶的。"

崔杼此时心中早已对棠妻痴迷不已，全然不顾宋文子所说，反驳他："棠妻乃是一寡妇，她死去的丈夫已经应验了她的凶兆，我再娶她又有何妨？"于是不久之后，崔杼摆酒设宴迎娶棠公之妻棠姜过门。

怎奈宋文子所言一语中的，由于崔杼乃是齐庄公重臣，所以齐庄公经常到崔府与其会面，见到崔杼美貌之妻，齐庄公也是垂涎三尺，一来二去，便与棠姜有了苟且之事。

齐庄公每一次到崔家与棠姜私通，都会把崔杼的一顶帽子赐给别人，手下侍从认为庄公此事做得欠妥，劝他不要如此羞辱崔杼。可是庄公以此为荣，仍然我行我素。崔杼得知此事，虽然面不敢言，但是心中对庄公恨之入骨，想要找个机会杀掉他。

此时晋国内部发生了动乱，齐庄公想趁机灭掉晋国，于是派兵攻向晋国都城。崔杼心中暗想可以杀死齐庄公来讨好晋国，可是一直没有很好的机会。终于有一天，崔杼找到了一个叫贾举的侍从，贾举刚刚被齐庄公处以鞭笞的刑罚，因此对他怀恨在心，便与崔杼勾结在一起，商量杀死齐庄公的计策。

转眼到了五月，这天齐庄公在北城设宴款待前来朝见的莒子，崔杼称病没有前来。转天，齐庄公来到崔府看望生病的崔杼，名为看望，实为借机与棠姜私通。棠姜进到室内，崔杼则阴沉着脸走了出去，齐庄公高兴得拍着柱子唱歌。

贾举这时候让齐庄公的随从都退到门外，自己带着几个甲士走进房间，关上了大门。进到房间的贾举和甲士见到作乐的齐庄公立马掏出利器，齐庄公见情形不对，迅速跳上高台，央求贾举免其一死，众人没有答应；齐庄公又请求在太庙自刎，众人还是没有答应，说："崔杼大人现在正病得厉害，我们不能按您所说的要求去做，我们奉命巡夜搜捕淫乱之人，其他的命令一概不得而知。"齐庄公见求生无望、求死不能，便跳墙想要逃跑。这时有人射中了他的大腿，齐庄公跌到了墙内，众人一拥而上杀死了他。

齐庄公死后，崔杼展开了"清洗"，贾举、州绰、邴师、公孙敖、封具、铎父、襄伊、偻堙都被杀死。赶回复命的祝佗父还没有脱下官帽就被杀死在崔杼的家里。申蒯作为管理渔业的官员，对自己的家臣说："你赶紧带上我的妻子孩子逃走，我准备一死。"家臣却说："我不能扔下您，那样做太没有道义了。"于是申蒯和家臣双双自杀。

间丘婴想要逃跑，他将自己的妻子用车帷包起来，放到了车上，然后和申鲜虞一起仓皇而逃。途中，申鲜虞将间丘婴的妻子从车上扔了下去，然后说："君主昏庸愚昧我们不能改正他的错误，君主处在危险境地的时候我们不能救驾，君主被人杀害我们不能以身殉国，如今狼狈逃跑，却只知道把自己的妻子用车帷包起来，不管我们最后逃到哪儿，有谁愿意接纳我们？"

二人的马车走到了弇中狭道，准备休息一夜。间丘婴说："崔杼、庆封有可能来追杀我们！"申鲜虞毫无惧色道："如果是他们二人前来，我们人数相当，有何畏惧？"于是二人就住了下来。吃过饭喂饱马之后，二人头枕着缰绳入睡，醒来之后继续赶路。到了弇中，申鲜虞说："我们要加快速度了，崔杼、庆封如果派人来的话，我们不会是他们的对手。"二人赶着马车来到了鲁国。

晏子站在崔杼家的门外，侍从说："您准备以死以谢国恩？"晏子说："君主不是我一个人的君主，我为何要死？"侍从说："您准备逃跑吗？"晏子说："我又没有罪，为什么要逃？"侍从又说："你回去吗？"晏子说："君主都没有了，我们回到哪里去？君主既然被称作君主，难道只是为了喝令百姓？顺应民意、管理朝政才是主要任务。作为人臣，难道只是为了拿取俸禄？辅佐君主使国家富强才是臣子应该做的。如果君主的死是为了国家而死，逃亡是为了国家逃亡，那么我们为他而死、逃亡都是值得的。如果君主的死是因为他自己而死，那么除了那些他非常宠爱的人，谁又敢承担这个责任？如果别人是因为有了新的君主才杀死了他，那么我为什么要为他而死？为他而逃亡？我又能回到哪里？"

崔杼家的门开了，晏子进去之后号啕大哭，头靠在尸体的腿上。崔杼的手下这时候建议他杀掉晏子，可是崔杼说："他是受到老百姓拥戴的人，如果我杀了他，岂不是失去了民心？"

庄公死后，崔杼拥护景公继承大统，自己则出任宰相，庆封为左相，与国内人相约在太公宗庙结盟，崔、庆二人巩固了在朝中的权势。晏子这时候只能仰天长叹："婴如果不依附忠君利国的人，有上苍为证！"

齐景公本来是齐灵公的幼子，没有资格继承国君之位，却因为这场内乱得以即位为君，可谓因祸得福，捡到了天上掉下来的馅饼。但是此时齐国仍然把持在权臣手中，想要真正掌握大权，齐景公还有很长的一段路要走。

霸主轮流做，何时到我家

齐景公心中一直有光复齐桓公霸业的梦想，正是怀着这样的抱负，齐景公勤于政务，爱护臣民，任人唯贤，齐国的实力一天天地增长。对外交往中，齐景公不卑不亢，面对当时的霸主晋国，齐景公有力地维护了齐国大国形象。

有一次，齐景公前往晋国东城祝贺刚刚即位国君的晋昭公。宴会期间，两位君主进行了一场投壶游戏，晋昭公先开始投壶，晋臣中行吴赞美曰："在我们的地方上有丰富的肉，有和淮河水一样多的酒，如果我们的国君能够投中，那么我们晋国可以成为各诸侯的统帅。"本来这只是一场简单的游戏，但是中行吴这一番话说完，就变成了两国之间形象的比拼。

晋昭公一投，果然命中，文武百官欢呼雀跃，这回轮到齐景公，齐景公拿过投箭，也说："我们有和山岭一样多的肉，有和渑水一样多的酒，如果我这一次投中，将取代晋君的霸主地位。"说完，齐景公也是一箭命中。齐国与晋国在宴会中这种暗自的较量表现了齐景公不屈服于强者的姿态和富国强兵的抱负。

齐景公之所以敢在投壶游戏中和晋昭公挑衅，是因为齐国的实力日渐强大，而这种强大在日后的晋国内乱中体现得更为明显。

就在晋昭公认为晋齐之间的争霸苗头越发明显的时候，楚国这时候出了乱子，楚灵王被杀，即位的是楚平王。晋昭公认为这是巩固晋国霸主地位的最好时机，于是带领六卿之中五卿的军队进驻卫国，通知其他诸侯国准备再次组成联军。

征得了周景王的同意后，晋昭公又派人询问齐景公的意见，景公认为此时齐国的实力还不是晋国的对手，只能按照它的要求行事，于是对来使说："加不加入会盟是你们大国说了算，我们齐国只能听从，你回去和晋昭公通禀，我一定会前去参加会盟。"使者回复晋昭公，晋昭公于是在平丘和其他诸侯国国君共同参观晋国的兵车，检阅部队。看到晋国的强大实力，各诸侯国都很震惊。

在这一过程中，晋昭公发现诸侯国中有些对晋国有二心，加入会盟只是畏惧晋国的实力。通过这次平丘之会，齐景公深深感受到齐国和晋国之间在军事实力上还有不小的差距，如果这时候与晋国撕破脸，会让晋国六卿格外团结，一个团结的晋国是谁都不可战胜的。

也就是在这时，一个让齐国复兴的机会摆在了齐景公的眼前。此时，晋国国内的六卿势力非常强大，韩、赵、魏、知、范、中行等六个氏族把控着朝廷，君王已经没有了实权。然而这六个氏族之间并不团结，权力之争时有发生。晋国赵衰的后代赵鞅与赵夙之后邯郸午之间发生了冲突，赵鞅杀了邯郸午，邯郸午的后代于是率领家兵发动了叛乱，把持朝政的赵鞅领兵攻向邯郸。

后来，六卿之中与邯郸午有亲戚关系的范氏和中行氏帮助邯郸午的后人阻击赵鞅，这引起了六卿之中其他氏族的不满，于是韩氏和魏氏帮助赵鞅击败了范氏和中行氏。晋国内乱的消息传到了齐国，齐国的田氏从自己的利益出发，挑唆齐景公帮助已经无路可走的范氏和中行氏。《史记·齐太公世家》云："田乞欲为乱，树党于诸侯，乃说景公曰：'范、中行数有德于齐，齐不可不救。'乃使乞救而输之粟。"齐景公到处拉拢敌视晋国的其他诸侯国，并且自己重新组成了会盟，自称为霸主，为齐国重新恢复霸主地位在名义上获取了优势。

齐景公首先拉拢的是郑国和卫国。《左传·定公七年》云："秋，齐侯、郑伯盟于咸，征会于卫。卫侯欲叛晋，诸大夫不可。使北宫结如齐，而私于齐侯曰：'执结以侵我。'齐侯从之，乃盟于琐。"

《左传·定公九年》："秋，齐侯伐晋夷仪……晋车千乘在中牟，卫侯将如五氏，卜过之，龟焦。卫侯曰：'可也。卫车当其半，寡人当其半，敌矣。'乃过中牟。中牟人欲伐之，卫褚师圃亡在中牟，曰：'卫虽小，其君在焉，未可胜也。齐师克城而骄，其帅又贱，遇，必败之。不如从齐。'乃伐齐师，败之。齐侯致禚、媚、杏于卫。"

夷仪之战中，卫国帮助齐国攻打晋国，结果两国联合也不是晋国的对手。但是齐国为了感谢卫国能够倾囊相助，将媚、杏、禚三个邑送给了卫国。兵败之后，齐景公还亲自为战争中死去的人推丧车。

后齐景公与卫侯再一次组成联军，同其他诸侯国一起讨伐晋国。"齐侯、卫侯会于乾侯，救范氏也。师及齐师、卫孔圉、鲜虞人伐晋，取棘蒲。"这段时期，除了卫国和郑国加入齐国所组织的联盟内，连一向和晋国关系不错的鲁国也加入会盟当中。但是鲁国的加入是情非得已，他们此时视晋国为鲁国的最大威胁，所以只好先依附于齐国来应对晋国。双方后来在夹谷会盟，夹谷之会也确立了齐国对鲁国的霸权统治。

齐、郑、卫、鲁四国组成联盟，共同谋划消灭晋国的方略，可以说从诸侯国支持的数量上齐国占据了优势。但是，与齐国结盟的这三个国家，地盘有限，实力羸弱，只能起到辅助进攻的效果，况且三国加入会盟有很大一部分原因是惧于齐国的威力，并非真心实意想要帮助齐景公。再加上齐国选择在晋国内乱的时候发起进攻，有趁火打劫之嫌，所以说道义上齐国也不占据优势。想要恢复齐桓公时期的霸业，仅靠现存实力和会盟的方式是不可能达到的，夷仪之战的失败其实也预示了齐景公的复兴大业不会成功。

齐景公组织了"反晋联盟"，几次攻打晋国，虽然没能真正打败晋国，取代晋国成为公认的诸侯霸主，但是几次混战下来，齐国也在晋国边境攻占了大片土地，极大地扩张了齐国的疆域，增强了齐国的国力。

第三卷
三家分晋，开启战国新时代

第一章

晋国内斗，拉开战国的序幕

坚持就是胜利

山西又被称为"晋"，因为这里在春秋时曾为晋国的主要领地，是春秋五霸之一晋文公重耳的故乡。然而随着"私门"的壮大，晋君也如同周天子一般，被手下依托家族势力的几个大夫架空，地位江河日下。

最初，晋国内部有六股势力，分别为智氏、韩氏、赵氏、魏氏、范氏、中行氏。六家将晋君排挤得只能缩手缩脚度日，然而由于六股势力各自膨胀，边界相抵、摩擦不断，他们之间的矛盾也越发激烈。后来，智、韩、赵、魏四家合力将范氏、中行氏击垮，并瓜分其土地。这其中，以智氏家族最为强大。

然而既然历史留下的是"三家分晋"的言说，并非"四家分晋"，所以智、韩、赵、魏四家必去其一。照理说，弱肉强食，从历史上"抹去"的应该是韩、赵、魏三家中的一家。若是这样，那么强者益强、弱者益弱，依着"自然法则"，最后的结果不应该是"三家分晋"，而是"智氏篡晋"。所以，最终被抹去的正是最强大的"智氏"。

要打倒智氏这个最强者并非简单的事。因为，即使知道强者会打破势力的均衡，最终会将"局中"的所有人都吃掉，但仍会有些人愿意在强者麾下听令，做他的副手，为之清除其"吞灭自己"的路上的障碍。弱者的互通款曲和集结联合需要时间，也需要成本；强者会利用这个"时间差"，威逼利诱，将之各个击破。

所以，面临强者切身威胁的弱者通常只有两个选择：第一个是成为其手中的棋子，虽然最后鸟尽弓藏，但总归是推迟了败亡的时间，而且这个过程中或许会有意外的转机；第二个就是立刻败亡。因为有了这个中的奥妙，所以韩、赵、魏灭"智氏"的历程，可以说是峰回路转、惊心动魄。韩、魏两家扮演了棋子的角色，赵氏成了执棋人。而智氏是一个强大却不认真的对弈者，因为后者屡犯大错，给了赵、魏、韩不可多得的机会，最终自取灭亡。

关于三家分晋，还需由赵谈起。

赵氏原本并不姓赵，而姓"嬴"，与秦人是同一个祖先，"赵"是其氏。嬴姓人原属东夷，西迁后为殷、周两朝天子赶车牧马，渐渐安定下来。

嬴姓子孙中有一个叫造父的，曾侍奉周穆王。造父善于养马，不断向周穆王献上宝马，深得穆王的宠幸和信任，所以穆王特许造父为他赶车。徐偃王叛乱时，周穆王乘坐造父驱赶的马车，日行千里，迅速平定叛乱。论功行赏时，穆王将赵地分封给造父，于是造父以赵为姓。

赵氏传到赵鞅这一代，枝叶繁衍，家族鼎盛。赵鞅更做了晋国的正卿，权倾天下，史书说他"名为晋卿，实专晋权"。

然而，水满则溢，月满则亏。危机正潜伏在前路不远处等待着赵氏一族。赵家的根基是晋阳城。赵鞅费尽心思气力修成晋阳城后，发现城内行人稀少，空荡荡的。这样一座空城如果遇到围攻，当然不足以凭借据守。于是赵氏族长赵鞅向住在邯郸的族人赵午伸臂摊掌，向他要自己打败卫国时赚取的 500 户人质。

按说赵午身为赵氏族人，应该听从族长赵鞅的命令，可是赵午也有自己的难处。因为若失掉手上这 500 户卫国人质，暴露在卫国人嘴边的邯郸城极可能遭受到毁灭性的打击。权衡之下，赵午决定攻打齐国，想从齐国那里俘虏 500 户人口，将之转赠给赵鞅。

然而，赵午的想法未免太简单了。齐国地广千里，资源丰富，又得海利，富庶甲于天下，自桓公得管仲辅佐称霸以来，一直以超级大国的形象立于天下诸侯国之林，号称"强齐"。攻打齐国，无论是正面进攻，还是背后偷袭，都不是那么容易得手的。况且，就算侥幸得手，愤怒的齐国人也必然不肯咽下这口恶气，最后的结果必然是晋、齐两国兵戎相见，引发国间征战。

得知此事的赵鞅大为光火，一怒之下派人将赵午诛杀，没想到就此引发一场政治风波。

赵午一族家住邯郸，与赵鞅那一脉嫡系说远不远说近不近，但与范氏和中行氏素有姻亲往来。在范氏和中行氏的支持下，赵午的儿子赵稷起兵发难，矢志为父报仇。

本来，晋国国君是站在赵鞅这一边的，无奈说话是要实力做支撑的，他的声音太过微弱了，微弱到可以忽略不计。手持刀兵的范氏、中行氏不过用眼狠狠斜了晋君几下，他就迅速将赵鞅定为始祸者，而按照晋律，始祸者只有一个下场，那就是死。

双拳难敌四手，在范氏和中行氏的合力围攻下，赵鞅很快不敌，退守到晋阳城。倾注了赵鞅心血的晋阳城，经受住了考验，在纷飞的矢石和流血的浸泡之下，在尸体的包围中屹立一年而不倒。

城外的范氏和中行氏正承受着久攻不下的焦急和等待中的无聊，没想到这时变数凸显。智、韩、魏三家看"火候"差不多了，急急上场。

二比三，"人数上"已经处于劣势，况且一年下来，范氏和中行氏的"内囊却也尽上来了"，外加赵氏自城内冲出反攻，战场上的范、中行联军于是兵败如山倒，身死名灭，其土地也迅速为四家瓜分。

奇怪的是，智、韩、魏三家并没有进而消灭赵氏并瓜分其土地，很可能是惧于晋阳城的威慑，而晋阳也不会就此甘于沉寂，它会在未来续写辉煌和传奇。

一句话改变命运

虽然留得青山，但经此一役，赵氏一族实力大减，再无主宰晋国的威势，其地位由智氏取而代之。

事实上,早在范氏、中行氏"作乱"之前,赵鞅就已经开始头痛了。赵鞅年纪一大把,已经是半只脚踏进棺材的人了,然而他封立的继承人、嫡长子伯鲁是个不成器的家伙。

"将来的天下波谲云诡,充满变数,伯鲁能够应付那些环于四周、吃人不吐骨头的对手,保卫我赵氏一族,并将其发扬光大吗?"赵鞅看看伯鲁憨厚的面容,心里暗叹一声。

也许是为继承人的事日夜忧愁,赵鞅竟然病了,而且一病就是五天五夜不省人事。无人主事之下,赵地的大小事务陷入混乱无序的状态,于是身边众人请来了神医扁鹊。

众人等了半晌,才见扁鹊施施然从卧房里走出来。赵鞅最信任的宠臣董安于趋步上前询问病情,扁鹊捋须笑道:"家主血脉畅和,呼吸平稳,你们何必担心?"果然不久,赵鞅便醒了过来,并告诉董安于等人说,"我这几天之所以长睡不醒,是因为一直在天帝那里接受教导;天帝还将一个小孩和一只翟犬托付给我,说:'等你的孩子长大成人,就让这只翟犬跟他的身旁。'"董安于等人面面相觑,不知道如何是好,但此事实在太过蹊跷,于是将家主赵鞅的话记录下来。

后来一天,赵鞅外出巡游。一人拦于半路,口口声声说要面见主君,赵鞅的随从拔刀相胁也不能叫他退开,于是通报赵鞅。赵鞅一见此人,便觉在梦中见过,那时此人正立于天帝身边。赵鞅问:"天帝托付的小孩是什么人?"那人说:"这个小孩就是您的儿子,而代国以翟犬为祖先,所以您的儿子将来必定攻取代国。"赵鞅心下大喜:我的儿子是天帝选中的人,赵家后继有人了!于是问这人的姓名,想要封他官职,把他留在身边。却听这人说道:"我一个乡下鄙人,到此不过为了是传达天帝的旨意。"言罢便不见了踪影。赵鞅因此越发惊奇,而把这个被天帝选中的儿子找出来的心情也越发急迫了。于是请来著名的相士姑布子卿,希望凭借他找出"承天景命"的继承人。

满怀希望的赵鞅将儿子们全部招来,将他们引荐给姑布子卿。谁知姑布子卿扫视一圈,淡淡道:"这些都不是足以继承将军事业的材料。"赵鞅一下子矮了下去,再不能像刚才那样挺坐了,他的脑袋也垂了下来,喃喃自语道:"赵家后继无人,要断送在我手里吗?"这时姑布子卿的声音又在他耳畔响起:"将军的儿子到齐了吗?方才我在路上看见一个少年,周围簇拥着一众仆从,他也是您的儿子吧?"赵鞅心里又燃起一丝希望。于是命手下人将那个儿子找来,这个人就是赵无恤。

无恤一到,姑布子卿拱手相迎,叹道:"此乃真将军也!"赵鞅疑惑:"无恤是翟族婢女所生,出身卑贱,怎么说得上尊贵?"姑布子卿答道:"他是天帝所选,虽是庶子,终将显贵。"赵鞅这才想起天帝托梦、翟犬相赠之事,心下恍然。但无恤毕竟是庶子,且有外族血脉,此前姑布子卿为诸子相面时,赵鞅并没有招无恤前来,就知他在赵家没有什么地位,甚至赵鞅可能从未将他当作自己的儿子。所以贸贸然废除伯鲁而立无恤为嗣,就算赵鞅能转过这个弯儿来,必定遭到家中众人的反对。不过,从现在起,无恤在赵鞅心中的地位已经发生了翻天覆地的变化。

要当继承人得会脑筋急转弯

光凭一个梦和姑布子卿的一句话,不足以叫赵鞅贸然行废立大事。宦海沉浮一生,兴衰荣辱,赵鞅已经看得太多,各色人等也一一在他眼皮底下走过。他需要用自己的方法来考察一下赵无恤,看他是不是自己理想的接班人。

要做将来的族长,首先就要以身作则,遵守祖训。赵鞅于是将祖训刻写在两片竹简上,将其分别交给现任太子伯鲁和庶子无恤,叮嘱他们认真体悟,按时习诵,并说明届时会以祖训规条考校二人。然而一年过去了,两年过去了,赵鞅似乎将此事忘个一干二净,伯鲁刚开始那颗悬着的心也渐渐放了下来。可是到了第三年的一天,赵鞅突然把两人找来,要他们背出祖训的内容。伯鲁顿时急得满头大汗,就算他当年确实背下来,如今过去这么久,怎么还能记得?伯鲁转头看向无恤，却见他面无表情，一副信心十足的样子，心一下子就沉了下去。果然，无恤从容地将祖训背了出来，一字不错。无恤背完，右手在左袖里一抹，将当初那片竹简抽了出来。竹简的颜色已经变深了，隐隐可以看出无恤日夜摩挲掌抚的痕迹。而伯鲁的那片竹简早就不知在何时让他给扔在何处了。

考校祖训只算是一道小小的测试。又有一次，赵鞅告诉他的儿子们，说自己将一道宝符藏在常山之中，谁能第一个把宝符找到，就重重有赏。那时赵鞅已是须发斑白，而儿子们也都老大不小，所以这不是一次游戏，而是另一场挑选继承人的考验。大家心里对这一点都十分清楚，于是一个个心急火燎地跑进常山四处搜寻，既兴奋又紧张。只有无恤仍是那副胸有成竹、闲庭信步的气概。

日暮时分，公子们一个个垂头丧气地回来了，他们什么也没找到。这时无恤站了出来，朗声道："我已找到宝符！"赵鞅看向他，满眼惊喜："说说看！"无恤嘴角逸出一丝笑意："常山之下就是代国，我们从山上秘径出发，居高临下，可一举将代国拿下！"赵鞅这才知道姑布子卿慧眼独具，无恤果然不是池中之物，而他要攻取代国，岂非印证了解梦人之所说？赵家上下无人不对无恤表示钦服。于是赵鞅废除伯鲁的太子位，改立无恤。

在成为赵氏大家长的道路上，无恤虽然赢得了族人的支持，但尚且未能摆脱外人强力的干涉，这个外人就是后世称其为智伯的智瑶。

一杯酒的恩怨

智氏之所以一跃而成为晋国的第一强族，是因为此前消灭范氏、中行氏的时候，智氏将两家的土地全部占了。那个时候，智瑶已经做了智氏一族的当家人。

无恤是赵家的庶子，继承赵家基业存在诸多阻力。智瑶却是智氏的嫡子，因此在继承人的竞争中处于非常有利的位置，另一位候选人智宵对他的威胁相当有限。

智氏上一任的族长是智瑶的父亲智申,他早就倾向要立智瑶为嗣。不过智宵虽然没有什么立功表现的机会,也没有姑布子卿这样的高人相助,却不代表他的背后没有支持者。他的叔父——当然也是智瑶的叔父——智果一直站在他这一边。

于是当智申在家族会议上宣布立智瑶为继承人的时候,智果当即表示反对:"智宵要比智瑶好得多,应该改立智宵。"智申给人当面顶撞,皱眉不悦道:"智宵一副凶恶面相,实在不宜做家主。"

智果续道:"世事有虚有实,有真有假,不能光凭表象做判断。智宵面相凶恶,但智瑶是毒在心中。智瑶长须美髯,力能扛鼎,骑马驭车,出类拔萃,而且思路快捷,谈吐不俗,勇毅有恒,这都是他的优点。可是他心胸太过狭窄,睚眦必报。别人若是碰了他一下,他就要断人手足。如此凶狠残暴,叫人心凉,又如何能够服众,如何能够保我智氏一族的平安兴旺?德乃才之帅,智瑶之德不足以驾驭其才,若立他为嗣,必给我智氏招来灭族大祸!"

不过,此时的智申主意已定,他召开家族会议,不过是宣布这个消息,并没有与大家商量的意思。所以智果说完,他连反驳的话也不说,直接为智瑶行了继嗣大礼。刚烈的智果一气之下拂袖离开会场,又回家收拾行李,带着妻子儿女就此离开智氏,跑到掌管祭祀的晋国太史那里,表示脱离智氏,改为辅氏,另立宗庙。伤心的智果大概有着超人的敏感,他似乎已经在泪眼模糊中看到了智氏将来的败亡。

孙武子处在春秋末期,那时正发生着我国古代一次重要的军事变革。早先那种列阵而战、战之以礼的传统战法逐渐为人摒弃。孙武子所著的《孙子兵法》的核心思想就是:为了在战场上取胜可以不择手段,所谓"兵以诈立",也就是后世所说的"兵不厌诈"。

比孙武子晚生了八九十年的智瑶,更将"兵不厌诈"发挥得淋漓尽致。

智瑶接替赵鞅成为晋国第一执政后,吴王夫差遣赤市出使晋国,向智瑶表示祝贺。赤市完成任务,返回吴国的时候,智瑶一改往日之贪鄙，坚持以豪华巨舟送赤市回国。赤市心下奇怪，不知智瑶用意何在，仔细观察才发现，巨舟之上藏着无数着甲荷戟的兵士，智瑶竟准备在巨舟经过卫国时，给卫国致命一击。

原来送人是假，袭击卫国是真。可是这招也太过损人利己了，当卫国为智瑶执政的晋国吞并时，天下之人都会认为赤市收受了智瑶的贿赂，所以才与他沆瀣一气，为他袭击卫国打掩护。这种招人唾骂的事，赤市才不干呢。于是他假托生病，在晋国住了下来，智瑶只能好吃好喝地伺候着，而袭击卫国的计划也随之流产了。毕竟，兴兵乃关乎国家生死之大事，且天下局势瞬息万变，不是任何时候都有合适的出兵机会的。

仇犹是中山的属国，智瑶对其土地垂涎已久。无奈晋国、仇犹之间的道路太过狭窄，且崎岖难行，所以当时战场上最重要的作战工具——战车根本开不过去。

智瑶对着那条挡住了他前行步伐的小路昼思夜想，终于叫他想出一个办法。他叫人铸了一口大钟。钟的直径正好等同于战车的宽度。钟铸好后，他将其送给仇犹国的国君，叫他派人来取。心思简单的仇犹国君于是命令军队拓路开山。然而，当他满心欢喜地把那口工艺精美、钟声悠扬的大钟迎回来的时候，惊奇地发现后面跟着晋国的雄师。

"当！当！当！"仇犹的亡国之音就这样在天地间无情地回响起来。从这两件事可以看出，智瑶确有才干。他是《孙子兵法》里所说的那种"善攻者"，"动于九天之上"，水银泻地，无所不用其极，所以连吴国使者向他庆贺一事都可以拿来作掩护而攻打卫国，而当目标瞄准了仇犹国时，又能铸造大钟叫对手自掘坟墓，实非一般人所能及。

公元前468年，晋国第一执政智瑶会同各家出兵，一起讨伐郑国。那时赵鞅已经老了，而且正在生病，所以代表赵氏、率领赵兵出征的是太子无恤。

历来有"郑声淫"的说法，一个整天载歌载舞、饮酒赋诗的国家怎能抵挡住长期作战的虎狼晋军？于是，没费多少工夫，晋人就打到了郑国的都城之下。一般来说，春秋战国时期的战争都是从"野"，也就是各国的边境打起，而攻城往往是战争的最后阶段。

如果指挥统一，晋国攻打郑国时就不会出什么问题。问题就出在晋军是几家的联军。所以攻城这种吃力不讨好的事，几家势力互相推诿，谁也不肯吃这个亏。智瑶自然不会做这个出头的椽子，于是向赵无恤递眼色，要他率领赵家军前去攻城。无恤心想："你不肯吃亏，难道我便是傻瓜吗？"于是，无恤沉默，没有理会智瑶。智瑶心中有气，但现在正是打仗的关键时候，也不好在军前发作。

但由于彼此都各自打着各自的小算盘，所以这次攻城最终不了了之。但是，晋国联军毕竟虏获了郑国大量的资财和人口，可算是打了一个大大的胜仗，于是要设酒宴表示庆祝。

酒宴之上，坐在主席的智瑶兴致很高，狂饮不止，终于显出醉态。他伸手指向无恤，轻蔑地说："你这家伙容貌丑陋，胆子又小，太招人厌，真不知赵老将军怎么挑选你继承家主之位？莫非赵家无人了吗？"无恤与智瑶对视，毫不相让，说道："家父挑中了我，是因为我能隐忍！"

智瑶狂笑："忍给我看！"说罢甩脱手中酒杯，直向无恤脸上掷来。无恤就坐在智瑶旁边的一席，这么短的距离根本来不及躲闪，额头给酒杯砸个正着。鲜血流过无恤的眼睛，顺着脸颊淌了下来。赵家众家臣看不下去，纷纷拔剑要杀智瑶。智氏家臣也一个个拔刀相向，气氛立时如箭在弦，一触即发。

智瑶冷冷看向无恤，等着他的反应。无恤这时从怀里抽出一片帛，将脸上的血拭去，转身对众家臣说："给我退下！"语气中有种不容置疑的味道。众人只得收剑回鞘，退回原来的地方站好，智氏众人见此也只好纷纷归位。

看着无恤拿着帛稳稳扶着额头的样子，看着他毫无表情的脸，智瑶心里没来由地一紧。但这种感觉转瞬即逝，他也就没有放在心上。

闹过酒后的智瑶还曾向赵鞅建议，让他把无恤给废了。赵鞅费尽心思，千挑万选才把这个宝贝儿子选出来，当然不会听他的话。不过这事最终让无恤给知道了，无恤也因此更加仇视智瑶。

不久赵鞅病故，无恤成为赵氏家主。

你的就是我的，我的还是我的

俗话说，一力降十会。当绝对力量足以压倒对手的时候，就不需要拐弯抹角，搞些偷偷摸摸的小手段了，所以强者的信条永远是这六个字：简单、直接、有效！

智瑶是强者，也是这个信条的重视信徒，所以当他垂涎韩、赵、魏三家的土地时，直截了当地伸出手来，笑嘻嘻地跟人家说："拿来！"

第一个遭到智瑶勒索的是韩氏，当时韩氏的家主是韩康子。史书关于韩康子的记述少之又少，所以他是个什么样的人没有办法清晰地描绘出来。不过可以肯定的是，相对于以硬碰硬的赵无恤，韩康子是个易于屈服的"贵柔"之人。

来自智瑶的最后通牒就摆在桌子上，韩康子对此一筹莫展，不住叹息。把地交出去吧，自己舍不得。谁能保证这是智瑶的最后一次索要？可是如果断然拒绝，说不定这头老虎马上就要把自己吞掉。真是进退维谷，愁煞人也！

韩康子手下有个叫段规的谋士这时站出来为他分忧，段规对韩康子言道："以实力论，我们万万不是智氏的对手，而以智瑶的贪暴性格，若不答应他的无理要求，恐怕会立即加兵于我韩氏，而剩下两家见有利可图，很可能趁乱出兵，瓜分我韩氏的土地。如此一来，我们腹背受敌，后果堪忧，所以不妨先应允智瑶的要求。照我看智瑶不会就此止步，他肯定会接着向魏、赵两家索要土地，我们不妨因势利导、静观其变。"

韩康子听段规说得有理，于是"痛快"地将土地割给了智瑶。

正如段规所言，获得土地的智瑶并不满足。所谓食髓知味，一次成功足以诱发第二次尝试，更何况这"尝试"原本就在智瑶的计划之中呢！于是智瑶肥腻的大手又伸到了魏氏家主魏桓子的面前。魏桓子和家臣任章又重复了韩康子和段规的"演算"，于是也"有荣与焉"

地献出土地。

而当智瑶的手摊在无恤的面前，无恤给韩康子和魏桓子上了一课：这个世界上，不是只有妥协和屈服，更有奋发和抗争！

"想要我'皋狼'之地，真是无耻极矣！凭什么？我偏偏不叫你如愿！"无恤心里火冒三丈，脸上仍是那副波澜不惊的表情。

被无恤拒绝后，智瑶只有立刻发兵，将赵氏击垮打服。

无恤对这一切早有预料，也摆开了死战到底的架势。不过让他大跌眼镜的是，在他与智瑶的斗争中，韩康子、魏桓子这两个被智瑶欺负的"受害者"竟然再次站到了智瑶的一边！其实，韩康子、魏桓子虽然愚蠢，但他们也有自己的逻辑。在智、赵两家的大对决中，他们显然更加看好实力绝对占优的智氏。所以这才与智瑶达成协议，组成三家联军，希望能够在灭掉赵氏后三分其地，壮大自己。

韩、魏两家的如意算盘打得响吗？

第二章

三家分晋，韩赵魏割据一方

赵氏遭到了群殴

面对三家联军的滔天气焰，勇敢果决如赵无恤亦只有暂且退避。他能退到哪儿呢？无恤想起了父亲赵鞅临死前的嘱托：若有事可退守晋阳！

赵鞅之所以如此看重晋阳，是有道理的。

董安于是赵氏的家臣，最得赵鞅倚重。晋阳向来是赵氏一族的根本，赵鞅当然不敢疏忽，所以当他挑选修筑晋阳城的工程负责人的时候，就选中了董安于。董安于的先祖就是大名鼎鼎的"古之良史"董狐。

董安于主持修筑的晋阳城十分特别，都是用炼化的铜来作宫殿的支柱，而宫殿里主体部分都是砍伐山上的荆木搭建而成。这在当时确是一个创举，因为这样建城，花费的成本太高，且容易因"奢侈"遭受讥讽和批评。人们会说，宫殿是用来住人的，你为之耗费如此物力财力，有必要吗？

不过，董安于如此作为并非多此一举。首先，若赵氏后人退守晋阳城，又遭敌军围城，那么矢尽弹绝的时候，赵家军就可以拆除铜柱，炼化之而铸造箭头。而宫殿主体的荆木非常的坚实，"虽劲竹不能过也"，所以又是制作箭杆的好材料。

可是，董安于没能看着它一手规划的晋阳城修筑完毕。他的智谋实在太过厉害，屡屡为赵鞅出谋划策，助赵氏摆脱危难，所以被有心吞并三家、独霸晋国的智瑶视为眼中钉、肉中刺，必欲除之而后快。智瑶屡次向赵鞅施压，要他处决董安于，不过都被赵鞅给顶了回去。直到赵午违背赵鞅的命令，赵鞅在董安于的建议下将其诛杀，引发了范氏、中行氏之乱，这才给智瑶抓住机会。智瑶将董安于定为始乱祸首，而这时经过经年战争，赵氏已经元气大伤，赵鞅再也顶不住来自智瑶的压力，但董安于与他感情深厚，且为他赵家立下汗马功劳，要他杀死董安于，他是无论如何也下不去手的，于是左右为难、日夜忧虑。

这时，董安于再次挽救了赵家，他的方式就是牺牲自己的性命。传说他临死慨言道："唯有我死，赵氏才可以获得安宁，晋国才可以获得安宁，我死得太晚了！"其忠勇刚烈真叫人感叹。

董安于虽死，晋阳城却要修下去。在撒手尘寰之前，他向赵鞅推荐了下属尹铎。赵鞅十分信任董安于，于是任命尹铎为晋阳城主管。尹铎并非一个因循之人，而是有着强烈的全局观。他问赵鞅："晋阳最终要建成什么样子呢？是要它成为一个以生产为主、提供粮食赋税的都邑，还是把它建成一个危急时用来保命、可供守卫的城池？"赵鞅心想董安于果然没有看错人，于是欣然答道："我要把晋阳城修建得固若金汤，让他成为这广袤大地上的一个坐标、一个丰碑，屹立万世而不倒！"尹铎有了计较，开始不计代价，放手修城。

然而时间一天天过去了，钱粮如同流水一样花了出去，而尹铎的晋阳城建好之日却遥遥无期。这时赵鞅派人告诉尹铎，要他拆去永远也建不完的围墙，而这些围墙在50年前董安于就开始着手修建。尹铎对赵鞅的命令置之不理，仍是盯着那个"固若金汤"的终极目标，一步步稳稳地走下去。这种不服从命令的行为自然激怒了赵鞅，为怒气所裹挟的赵鞅甚至想将尹铎杀死。这时众大夫开始劝说赵鞅："尹铎时刻保持警惕，曾说：'思乐而善，思忧而惧，人之道也。'他加高城墙是防患于未然，是为了赵氏尽忠，还望将军三思而后行。"赵鞅恍然大悟，不仅不再责怪尹铎，反而嘉其忠勇。得到肯定的尹铎进一步减免赋税，将四方之人都吸引到了晋阳城。

由于尹铎爱惜民力，晋阳城的居民都对赵氏感恩戴德，他们生怕晋阳城忽然易主，那么以前的幸福生活就要随之而付诸流水、一去不返。

占尽了地利人和的晋阳城如今已经摆开了架势，就等着智瑶前来决一死战。

果然，面对智瑶的多次强势进攻，晋阳城依然铜墙铁壁地矗立在那里，城墙上随风飘舞的赵家军旗鲜艳招展，在智瑶看来恰恰如同蔑视的嘲笑。

不过，"善攻"的智瑶很快就找出了对付晋阳城的办法：引汾水灌城。

这对守在城中的赵家军来说是十分不利的，无恤等人所凭借的无非就是晋阳城，凭着它城墙的坚固和众志成城的民心，以此来大规模地歼灭来敌的有生力量，直到将敌人的锐气和战斗力消耗殆尽，让他们自动撤退。

可是现在这些计划都落空了，无恤他们成了被动的一方，而智瑶却不再焦急，因为除了按月供给的军粮，他不再需要支出任何花费，不需要再牺牲将士的性命，他要做的，就是支起华盖，坐在下面抚琴喝酒，顺便欣赏不时出现在城头的无恤那副惶惶如世界末日的落魄相。

无恤现在确实很落魄，汾水灌进城里后，将城里的一切都搅得变了样。遭逢水灾的晋阳居民只能将铁锅提到半空中烧火做饭，因为原本的灶台早已被浸在水中。城内居民们的脸上不再洋溢着幸福生活的欢笑，他们眼睛里尽是对未来的疑惧和担忧，晋阳城人人自危！更为要命的是，除了一个高共仍然行礼如仪，无恤发现赵家的家臣们都对他侧目以对，仿佛他已经不是赵家的主人！"城堡都是从内部给人攻破的。"无恤开始考虑投降议和，但他手下最重要的谋士张孟谈劝他莫要灰心："或许仍有转机呢？"

无恤问："你有什么计划吗？"

张孟谈说："且放我出城去，看看能否策反韩、魏两家。"

事到如今，无恤也别无他法，只好死马当活马医。在张孟谈出城之后，无恤每天都到城头巡视，盼望他归来的身影。

最不靠谱的阵营

就在无恤为变坏的形势辗转难眠之际，智瑶却每天都是一片阳光灿烂的好心情。这天，他将韩康子和魏桓子叫到身边，又携着二人一起来到汾河，看着波涛滚滚的河水，智瑶心中大快。

这时智瑶发出一句感慨："吾乃今知水可以亡人国也！"抚着自己的美髯，一阵得意。

不过听到这句话的韩康子和魏桓子心里一阵抽搐，因为他们两家的都城同样面临着被人灌水的危险。于是《资治通鉴》写下这样"意味深长"的两句："桓子肘康子，康子履桓子之趾。"

韩康子和魏桓子这样的小动作当然不会叫智瑶看见，因为两人都站在智瑶身后，而那位实力最强的霸主正陶醉在自己的完美计策中！

而随在三人身后的智氏家臣絺疵却看出些门道，于是在返回自家营帐时对智瑶说："韩、魏两家必反！"

智瑶奇道："你是怎么知道的？"

"所谓唇亡齿寒，如今眼看胜利在握，我们就要三分赵家土地，可是韩康子、魏桓子二人面上毫无喜色，反而满是忧愁。这不是谋反的征兆是什么？"絺疵言之凿凿。

让絺疵想不到的是，肤浅的智瑶竟然在第二天召见韩、魏两家的时候，将他的话原原本本地转述给两人，问道："你们当真要反吗？"智瑶此举实在算不上高明，如果两家并无二心，当然会矢口否认，这样贸贸然、赤裸裸的怀疑反而要无端生出三家之间的嫌隙；反过来，若韩、魏两家真个要反，难道还会当面向他承认吗？

果然，听了智瑶质问的韩、魏两人如遭雷击，一齐摇头大呼，哪有此事？智瑶满意地笑了，仿佛真的信了两人的话，于是将两人送走了。絺疵听说此事，愣在当场，不过他很快就明白了自己的处境：这场战争的最后胜利者一定不会是智瑶，自己如果继续在他手下做事，定会跟着他做一个亡族灭家的奴隶；即使智瑶将无恤打败，自己在这个过程中扮演的不过是一个离间智、韩、魏三家的小人，以后也无法在晋国立足。于是他借着出使齐国的机会离开智瑶，再也没有回去。

而回到营帐的韩康子和魏桓子两人却继续纠结，一时仍拿不定主意。碰巧这时张孟谈来到他们这里，单刀直入地将话挑明："我这次冒死而来，是希望能够劝说两位将军离开智瑶，与我家将军合兵一处将之击溃，然后三分其地，共同主宰晋国！"韩、魏两人互相看看，都不说话。

"二位将军难道还不明白？以智瑶之贪鄙，晋阳城破之日就是你韩魏两家走向灭亡之时，满城妇孺的哭号就是你韩魏两家的挽歌！"这句话正好道出了韩、魏二人连日来的忧虑，权衡之下二人毅然决定加入赵氏阵营。

没过多久，与无恤约定好了的韩康子派人杀了智氏守在水坝上的军士，又将水坝掘开，于是浩浩荡荡的汾水就转而灌进智氏的大营，将智家军冲个七零八落，尚在梦中的智瑶就这样一命归西了。

看着眼前堆积如山、给大水泡得肿胀的智家军尸体，无恤一定也会生出"人生无常"的感叹。谁能料想到就在他要放弃的一刹那,胜利的天平会突然发生如此大的逆转呢?无恤性子本来坚韧,经此一役,他的雄心和野心越发激昂。

韩、赵、魏三家瓜分智氏土地自不必说,可说的倒是无恤在战后的封赏。居功至伟的张孟谈并未被无恤列为第一功臣,反而平平无奇但始终任劳任怨的高共成为无恤手下的第一人。也许,是无恤想起了那些担惊受怕的日日夜夜,只有这个忠厚老实的人才是自己真正的依靠吧。

习惯上,三家分晋一直被当作是战国的开端,这台轰轰烈烈的大戏正预示着一个伟大时代的到来!

第三章

秦孝公求贤与商鞅变法

想变法,得有好口才

春秋战国是百家争鸣的时代,这个时代人才辈出,其中法家的崛起速度之快发人深省。作为法家的杰出代表,商鞅通过改革,使弱小的秦国一跃成为能与齐、楚抗衡,争雄于天下的大国,可谓劳苦功高。

乱世有一个优点,即可以不拘一格任用人才,这为贫寒子弟向上流动提供了道路。在战国时期,一个人只要有才华且有雄心壮志,就不会被埋没。商鞅早年由于没有遇上明主,所以郁郁不得志,差一点枉死在魏国。商鞅渴望使尽平生所学,立名于当世,立功于后世。所以,当他听说秦孝公为重振秦穆公的霸业而下令遍寻天下贤才时,商鞅毅然离开让他彻底绝望的魏国,只身奔赴当时还很弱小的秦国。

商鞅本姓公孙，名叫鞅，他是卫国国君某姬妾所生之子，后来之所以被称为商鞅是因其在秦国封地。

秦国虽然弱小，地处偏远，但像商鞅这种名不见经传的小人物想见秦孝公一面也是很难。为了理想抱负，商鞅俯身低就求秦孝公的宠臣景监引见自己。

第一次见到秦孝公，商鞅言辞恳恳，孝公却昏昏欲睡，没听进商鞅的一言半语。事后，秦孝公责备景监，说他推荐之人乃迂腐呆滞之徒。

景监也很无奈，这时商鞅再次求景监引见，景监对商鞅还抱有一线希望，所以再次答应了商鞅的请求。第二次召见，秦孝公懵懵懂懂，觉得商鞅说得有理，但不合他的心意。景监被秦孝公责备后，将商鞅当作出气筒。商鞅说，他用称王之道开导秦孝公，但是秦孝公急于求成。事不过三，经过两次交谈，商鞅已经完全探知秦孝公的心愿，请求景监第三次引见。秦孝公第三次召见商鞅，果如商鞅所料，他很信服商鞅的话。

后来，秦孝公召见商鞅几次，商鞅都用称霸之道开导秦孝公。秦孝公对霸政很痴迷，所以与商鞅交谈时，他会不知不觉移席靠近商鞅，不厌其烦地听其讲解。

法家注重的是刑罚之学，商鞅知道法家的弱点，即威严过重，缺少恩德。但诸侯国争战不断，商鞅久不得志，加之秦孝公诚心重用，他只能赌上一把，利用严刑峻法，在最短的时间内增强秦国国力。

面对疲弱的秦国，商鞅要辅助秦孝公称霸，力图一改旧貌，只能施行变法。但商鞅变革遭到了保守派甘龙和杜挚的反对。

甘龙等老臣过于尊崇过去的礼法，认为流传下来的老规矩才是治理国家的良策。甘龙说，"圣人不会通过改变民俗来教育百姓，有智慧的人不会胡乱更改祖上礼法。顺应过去的民俗以教育百姓，不用劳神费心就能成功，沿袭祖上礼法治理国家，百姓的生活才会有序，行为才会有依据，天下才会安定。如果擅自变法，天下必然大乱。"甘龙是保守派，不仅不主张变法，还认为变法会带来不利的影响。

为反驳甘龙的观点，商鞅朗声说道："聪明人负责制定礼法，愚蠢的人不知变通，天生注定是被聪明人的礼法约束的命。贤能的人懂得因势变更法度，无能的人蠢笨如石，只会傻傻坚守，全然不知因时而变。"这几句话，字字如利箭射中甘龙的要害，甘龙无言以对。商鞅话锋逼人，霸气凛然。

老臣杜挚起身反驳。杜挚的意思是，如果没有百倍的利益，最好不要贸然变更礼法；如果没有十倍的功效，最好不要更换国家旧器。坚守祖上礼法不会有过错，让百姓安于俗见不会出现偏漏。如果当冒失鬼，肆意妄为，难免扰乱天下。

杜挚的话不是没有道理，但如果只因惧怕变法会带来不利影响而一味排斥，势必丧失变法的最佳时期。

面对这两个顽固派，商鞅越战越勇，他说道："治世不一道，便（变）国不法古。"（《史记·商君列传》）这话的意思是，治理国家并没有亘古不变的礼法，只要有利于国家，旧的礼法是可以被超越的。

春秋五霸都是先经历国内变革才先后称霸，秦穆公称霸就得益于五羊大夫的辅助，最终成为一方霸主。秦孝公立志图强，苦无善策，商鞅才高志大，秦孝公自然极力支持。

太子犯法，老师顶罪

商鞅一共主持了两次变法，第一次变法主要包含以下内容：

第一，整理户籍，命令百姓十家编为一什，五家编为一伍，各家互相监视检举；如果有一家人犯法，十家连带治罪。

在农耕社会，百姓的多寡影响土地的开发程度。商鞅整理户籍，有助于管理秦国的人口。商鞅施行连坐法，让百姓互相监督，大大减少了犯罪行为。

第二，如果发现奸恶之人，隐瞒不报的人将被腰斩，告发之人受到的赏赐与上阵斩杀敌首同等，窝藏奸恶之人受到的惩处与投降敌人的人受到的同等。通过第二条法令，秦国就彻底灭除奸恶之人生长的土壤。如果国家没有奸恶之人，百姓自然相安无事，努力发展生产。

第三，如果一户人家有两个壮丁不分家，他们家的赋税将要翻倍。商鞅强迫成年男子分家，目的就要他们自食其力，共同为发展秦国的生产奋斗。

法令还规定，凡是致力于农业生产、增收粮食和增加布帛的，可以免除自身的劳役或者赋税；从事工商业或者自身懒惰而导致贫穷的，他们的妻子都要被收为官奴。这条法令，将百姓的努力方向引向农耕，有利于促进农业发展。

第四，有军功的各按标准升爵受赏，没有军功的王族不能列入家族名册。如果私下斗殴，将按性质的恶劣程度受到不同程度的处罚。这条规定，将百姓的暴力引向战争，同时解除了王族的一部分特权，为百姓开辟了一条向上层社会升迁的道路。商鞅强调按军功授爵，激发了下层有才之人的斗志，为秦孝公招揽了大量人才。

第五，明确爵位尊卑。官吏按等级差别占有土地、房产，甚至家奴的衣裳和服饰也要按爵位尊卑穿戴。军功是百姓获得爵位的主要途径，为了鼓励百姓积极参军奋勇杀敌，商鞅仍然强调爵位的尊贵，这有利于提升有军功者的社会身份。

法令还特别规定，只有立下军功的人才能够享受社会的显赫荣耀，没有军功的人即使极富也不能享受社会荣耀。

第一次变法有三大作用，第一强调发展生产，增强国力，这体现在鼓励农耕政策上；第二强调建立军功，提升军人的社会地位，这是战争方略；第三强调维持社会稳定，杜绝犯罪，这是以严刑峻法的方式稳定社会秩序。

从变法的内容来看，变法很单调，处罚严苛，过于冒进，容易引起百姓不满。百姓懒散惯了，突然实施整理户籍和连坐法，他们深感不适应，虽然如此，但威慑于商鞅的严刑峻法，不敢多言议论，只能将不满往肚子里吞。

新法实施了一年多，百姓怨声载道，仅国都就有1000多人非议新法。正当商鞅为新法的推行而焦虑时，太子触犯了新法。

太子是未来的国君，不能轻易施加刑罚。但是，如果不惩罚太子，就不能树立新法的威信。两难之际，商鞅采取一个折中的办法，处罚太子的监督官和老师，于是太子的老师公孙贾被处以墨刑。

墨刑就是用刀刺刻脸部，然后涂上墨汁。太子的老师遭到商鞅如此羞辱，太子自然痛恨商鞅，同时下层也因此事见识了商鞅的威严。

处罚太子的监督官和老师后，再没人敢非议和敢阻碍新法。反对的言论被压制后，新法顺利地推行开来。新法推行7年后，收到了明显的效果，户户家给人足，夜不闭户，道不拾遗，占山为王或者拦路抢劫的现象变得少之又少。

变法之后的秦国经济发展迅速，有足够的经济实力应对战争的消耗。更为重要的是百姓勇敢作战，以私斗为耻。全国的暴力都藏在军队里，指向其他诸侯国，秦国国内则社会秩序安定，没有违法乱纪的事。

经过第一次变法，秦国走上了富强之路。

第二次变法

秦孝公三年，商鞅被任命为左庶长，施行变法。秦孝公十年，商鞅又被提拔为大良造。大良造是秦国二十个等级爵位中的第十六级，可见秦孝公很倚重商鞅。秦孝公改革的目的之一是战胜魏国。

秦孝公十二年，秦国迁都咸阳。咸阳在旧国都雍地的东面，此地占据山川之险的同时更加接近魏国。

迁都咸阳后，为了火速超越并战胜魏国，商鞅开始施行第二次变法。

第二次变法是第一次变法的补充。变法仍然围绕国家利益，以打击落后王族，提升新兴势力为主。主要内容如下：

第一，禁止父子兄弟同室而居，男子都要自食其力。商鞅在第一次变法中规定，凡是成年男子不分家的，可以通过缴纳双倍赋税的方式弥补。在第二次变法中，秦国百姓的天伦之乐已经被彻底践踏了，商鞅彻底断绝了秦国百姓不分家的后路。至此，商鞅将百姓当作实现秦国富强的工具已经是不言而喻。商鞅禁止言论，百姓敢怒不敢言。

怒气被压抑，一旦爆发，商鞅必然难以善后。

第二，合并乡镇，统一以县为单位编制全国的行政制度。编制后的秦国共有31个县，每个县都有县令和县丞，县令是主要责任人，县丞是县令的副手。第一次变法时，商鞅统一编制户籍，便于管理百姓；而在第二次变法中商鞅编制县制，以地域为单位管理全国。

经过两次变法，秦国百姓受到户籍和地域的双重限制，个人自由被约束。商鞅屡次约束百姓，目的只有一个，让百姓以"耕、战为本"，杜绝经商、学习、游说和私斗等不利于中央集权的活动。中国的大统一和中央集权是由秦国开创的，商鞅改革的贡献很大。

第三，整治全国土地，以统一尺度划分土地，鼓励开垦。作为法家的杰出代表，商鞅力求实现一套标准尺度。如果以全国统一的尺度划分土地，国家的赋税征收就有严格且统一的标准。赋税是国家财力的主要来源，一旦赋税有保证，秦国作战就有经济实力保障。

第四，统一度量衡，为国家经济的发展创造条件。商鞅改革前，秦国的测量尺度有斗、桶、权衡和尺等，名目繁多，不利于市场交易和国家税收。经过改革，全国都用一套标准，更便于交易。

第一次改革，秦国走向富强的道路；第二次改革，秦国走向中央集权的道路。秦国由弱国变成强国，商鞅功不可没。经过两次改革，秦国已经像一匹能征善战的千里马。商鞅希望自己的千里马能够踏平其他诸侯国，实现全国的统一就像实现秦国度量衡的统一。

新法刚刚使秦国走向称霸的大道，又有人居心不良触犯新法。商鞅有改革家的大无畏精神，不为太子留情面，更不会为其他人留情面。

上次太子触犯新法，他的监督官公子虔被罚，公子虔恨商鞅入骨。第二次变法施行四年后，公子虔再度犯法。商鞅操起大刀阔斧，毅然决然地处公子虔劓刑。劓刑，就是削割掉鼻子。为了变法，商鞅整得公子虔面目全非，这更加深公子虔的怨毒之心。

商鞅两度惩治太子的人，毫不顾忌太子的颜面，使太子对商鞅心存忌恨，这也为商鞅埋下了祸根。

第四卷
合纵连横，烽烟四起的七国角力

第一章

秦国连横之策，事一强以攻众弱

顺水推舟的说服法

张仪初到秦国时，公孙衍担任大良造。公孙衍是魏国阴晋人（今陕西华阴县东），人称犀首。大改革家商鞅曾经担任大良造，秦惠文王让公孙衍担任，可见对公孙衍十分倚重。

但是公孙衍主张合纵，而张仪宣扬连横，他们在政治上存在不同见解。张仪入秦后，他的学说获得了秦王的认可，公孙衍则遭到排斥。

被排斥的公孙衍十分痛恨张仪，开始找机会报复他。

其实张仪的一生是孤独的，他除了身边的几个随从外，没有真正的知交，每次做事都是孤军奋战，而他的政敌们却团结一切可以团结的力量，甚至不惜利用合纵策略，只求排挤他。

世上英雄惺惺相惜，那样的感情很珍贵。但是，如果没有英雄般豁达，两个人在同一个舞台上相逢，等待他们的只有战斗。陈轸与张仪同朝为官，都为秦国的利益奔波，可是他们的关系却不好，互不相容。

张仪使公孙衍赋闲在家喝闷酒，又倾轧陈轸，可见他们之间的政治斗争很激烈。

初入官场的张仪凭着年轻人的激情，想打拼出一片自己的天地。但是要开创新天地，只有两种方法，一种是做事，一种是排除阻碍自己的人。

商鞅的改革破坏了现存秩序，老臣自然反对商鞅。老臣维护现存秩序的目的就是维护自身的利益。作为新人，张仪明目张胆地抢老臣的饭碗，老臣自然不能容忍。因此，张仪整治老臣，老臣也要反过来整治张仪。

张仪对他人的攻击也是出于自身利益的考虑。

入秦后，张仪发现陈轸的才干不比自己差，担心时日一久，秦惠文王会冷落他而偏爱陈轸，于是他就找机会在秦王面前进谗言。

有一天，张仪对秦惠文王说道："您时常让陈轸在秦国和楚国之间往来，现今，秦楚关系已今非昔比，楚对秦已不如以前友好，但对陈轸却一如既往的好。可见陈轸的所作所为并不是诚心为秦国谋利益，而是为他自己。我听说陈轸已经将秦国的机密泄露给楚国。作为大王的臣子，他这样做完全损害了您及秦国的利益。与此人一起共事是我所不愿的。最近我又听说，他打算去楚国。要是果真这样，大王还不如斩草除根，以绝后患。"

秦惠文王听后很是生气，接着马上将陈轸叫来。一见面，他就对着陈轸说："听说你想离开这儿，告诉我你准备去哪儿，我好为你准备好车马。"

陈轸听秦惠文王问得突兀，很是莫名其妙，于是不知所措地盯着秦惠文王。但他很快就明白了是怎么回事，于是镇定地回答："我打算去楚国。"

听到陈轸的回答，秦惠文王对张仪的话更加深信不疑，"这么说来，张仪的话是真的？"

陈轸立刻明白原来是张仪在背后进了谗言，他不慌不忙地解释说："此事不仅张仪知道，过路者人人知道。正是因为忠于您，楚王才要我做他的臣子。"

"那你也不应该将秦国的机密告诉楚国啊？"

陈轸接着对秦王说："我之所以这样做，正是为了迎合张仪之计，以证明我并非楚国的同党呀。"秦惠文王听得很糊涂。

陈轸接着说："我听说，有个楚国人有两个妾，一个年纪大些，一个年轻些。一天，一个人去勾引那个年纪大一些的妾，结果遭到一顿大骂。不甘心的他又去勾引那个年轻的妾，结果得逞。那个楚国人死后，好事者就问那个勾引者：'如果从那两个妾中选一个做妻子，你会选哪一个呢？'他回答说：'当然是那个年纪大些的。'好事者不解地问道：'年纪大的骂你，年纪轻的喜欢你，你为何要娶一个曾经骂你的人？'他说：'当时我当然希望她答应我。但处在她那个位置，她骂我说明她忠于丈夫。我当然也希望我娶到的妻子对勾引她的人破口大骂，对我忠贞不贰。'大王，您仔细想想，身为秦国臣子的我如果常把本国的机密泄露给他国，楚国真的会信任和重用我吗？我会不会去楚国，大王您该想清楚了吧？"

秦惠文王听陈轸说后，消除了疑虑，更加信任他。

即使所有人都说姜还是老的辣，张仪仍然不同意，因为他不怕陈轸。张仪拜的是名师，他受过地狱般的磨炼，办事果断坚决，总的来看，张仪确实略胜陈轸一筹。两人较上劲一年后，秦惠文王封张仪为相。

劳累大半生，陈轸一无所获，好处全被张仪享受了。心怀愤恨的陈轸决定联合公孙衍，与张仪大斗一场。

张仪在秦国掌权后，公孙衍自知不是张仪的对手，所以退而求其次，请求出使魏国。

这些年公孙衍的日子并不好过。他在魏国仍旧被冷落，整天窝在家喝闷酒。由于仕途失意，公孙衍闭门谢客，连陈轸都不见。陈轸命人告诉公孙衍，说他有要事，如果公孙衍不见他，他不会等到第二天。

英雄虽然老了，宝刀还是锋利的。公孙衍曾与陈轸共事，他知道陈轸精明能干。一听陈轸说有要事，公孙衍立刻接见他。陈轸看见公孙衍的身边堆着无数酒坛，想到是张仪将公孙衍害成这个样子，十分伤心。

为了激发公孙衍的雄心，陈轸明明知道其中原因，却故意问公孙衍为什么在家喝闷酒。面对陈轸的询问，公孙衍有冤无处诉，他只能推说因为无事可做。

公孙衍怒气勃勃，很合陈轸的心意。陈轸保证只要公孙衍按他的计策行事，公孙衍能立刻身居高位。

在楚国的这些年，陈轸探听到不少楚国的机密，其中一件就是合纵。陈轸告诉公孙衍，魏相田需约集各国合纵共同抗击秦国，可惜楚国犹豫不决，致使大事不成。

如果公孙衍肯出力促使各国合纵，张仪必然被秦惠文王责备。张仪失宠，公孙衍不但可以身居高位，还能报仇。

赋闲在家的公孙衍正愁没事干，陈轸为他指出一条明路，公孙衍欣然接受。

魏国，合纵的薄弱一环

作为连横家，张仪最大的优势就是可以凭借其非凡的辩才让君王听信其言。张仪在各国间忙碌时，苏秦也同样四处游说诸侯国，劝国君合纵，共同抵御强秦。与连横相比，合纵进展得较为迅速，成绩斐然。

同门师兄弟，一个倡导合纵，另一个主张连横，两人不免互相竞争。从可行性角度而论，张仪的连横比较容易。因为秦国强大，无论是大国还是小国都想依附强国，毕竟大树底下好乘凉。

合纵却很难实行。首先，合纵国之间彼此有仇隙。仇人相见，分外眼红，谁都不能保证对方不会做出伤害自己的事，心理上总是有很强的防卫意识。合纵就像军队作战一样，需要相信对方，甚至连自己的生死都交给对方。合纵诸国不但不相信对方，甚至彼此防范，根本就是貌合神离。

其次，为了自我利益常常有人背叛盟约，私下结交强秦。在一个群体内，如果没有一定程度的信任作为彼此联系的纽带，这个群体就是乌合之众。从长远角度来看，合纵联盟就是一群乌合之众，因为诸国国君相信的人只是苏秦，而不是与之合纵的诸侯国。

一个人能够撑起一个国家，这不是假话，苏秦就撑起了合纵联盟。苏秦就像一根线，将合纵诸国穿在一起，使它们成为一条线上的蚂蚱。

但是，如果苏秦这根线断了，合纵的诸国就重新变成一团散沙。

抓住合纵国心志不坚、彼此缺乏信任的缺点，张仪集中主要力量攻击最不堪一击的国家。建立合纵联盟就如打造铁链，每一个国家所代表的每一个环节都必须打造得很牢固。

如果有一个环节的功夫做得不到位，铁链就会断裂。张仪需要干的工作就是打碎合纵铁链上的一环就够了，因此，他的工作比苏秦容易。

放眼天下，魏国是合纵链条上最薄弱的一环，张仪决定出使魏国。张仪做出这个决定，有三大原因：

第一，魏国是衰落的大国，屡屡遭受秦国侵犯，无力自卫；

第二，魏国被秦国侵犯时，其他合纵国没发兵相救，这让被孤立的魏国深深感到不公平；

第三，张仪对魏国软硬兼施，对魏人熟悉，对魏王很了解。

辞去秦相一职，张仪前往游说魏国，劝它脱离合纵，归附强秦。张仪以为很容易就会将魏国说服，结果却并非如此。尽管吃了秦国多次败仗，甚至曾经面临亡国的危险，但魏国态度还是很强硬。

魏国之所以能够如此强硬，第一是因为怨恨，第二是因为有了靠山。魏国屡遭秦国侵犯，怨恨极深。此外，魏王已经重新加入合纵，现在的合纵已经不是以前的合纵了。魏国的风光已经不在了，实力远不如前，魏惠王对秦国的忌恨却没有随着国势的衰弱而减弱。

和平谈判解决不了问题，就用武力解决。魏惠王不吃张仪的敬酒，秦惠文王送来罚酒，发兵攻打曲沃（今河南灵宝东北）和平周（今山西介休西）。

结果魏国仍然不堪一击，秦军大胜而归。攻陷曲沃和平周后，秦惠文王对张仪万分优待。

如果没有张仪出使魏国，干扰魏人的视线，魏国肯定不会这么容易就被打败，秦惠文王因此优待张仪。游说魏王不成，致使秦惠文王大怒发兵，耗费国家积累，还无功受禄，张仪心里过意不去，不好意思回秦国，所以继续待在魏国。

在一个制度不健全的国家，如果老国君突然死去，可能引发内乱。如果魏惠王死后，魏国发生内乱，张仪就可以居中策划魏国依附秦国。即使魏国不发生内乱，继位的也是新君。新君社会经验不足，张仪更可以发挥自己的优势。

老魏王顽固不听话，张仪只能打新魏王的主意。四年后，老魏王果然死了，新魏王继位，人称魏哀王。将门出虎子，魏哀王也不是省油的灯。魏哀王虽年轻气盛，却并非毫无头脑，所以并没有被张仪的计谋蛊惑。

4年的宝贵光阴像流水一样，一去不复返，游说仍旧毫无结果，张仪勃然大怒。既然游说不成，他便开始暗地里策划秦国攻打魏国。

魏惠王在位时没有打过秦国，魏哀王还是打不过秦国。秦、魏两军相遇，参战的士兵未必相同，战争的结果却是一样的，即魏国只有挨打的份儿。

自从庞涓死后，魏国一蹶不振，接连被秦、齐欺压。东有强齐，西有猛秦，魏国两头受气。两个强大的国家夹击魏国，就像两座大山一齐压向魏国，魏国无力抗拒，除了挨打还是挨打。落后就要挨打，这是至理名言。在混乱的战国，这句话更被奉为金科玉律。

被秦国打败一年后，魏国接着在观津（今河南清丰南）大败给齐国。偌大的一个魏国，随着土地一天天被削割，国家已经危如累卵。

在秦国接二连三的打击下，魏国衰落之势越来越快。魏国衰落了，无论大国小国都想趁火打劫，秦国更想将其吞并。但与魏国接壤的韩国开始担心起唇亡齿寒的问题。所以当强秦将魏国逼上绝路时，韩国站出来尽力帮魏国解围。秦国欲出兵伐魏，小小的韩国敢跳出来干扰，秦惠文王大怒，于是发兵攻打韩国。结果秦、韩两国军队相遇，韩军势弱，不堪一击，被秦军斩杀8万余人。

秦国一举诛杀8万多名韩军，诸侯国十分恐惧，对秦国更加畏惧。古代战争，人力很重要，极少出现斩杀8万个敌人的情况。秦国破除旧例大开杀戒，诸国国君已经开始胆战心惊了。

第二章
以合纵对连横，苏秦难救六国

合纵的秘密

张仪入秦后，苏秦马不停蹄，火速前赴韩国游说韩宣王。

韩国是小国，夹在秦国、楚国、郑国和魏国等大国之间，之所以没有灭亡，是因为它在军事上占有优势。韩国地理面积狭小，土壤不肥沃，人口不多，但几乎全民皆兵，并且善于打造兵器。

天下的弓箭，几乎是韩国制造的。韩国制造的强弓硬弩，射程在600步以外。600步以内，韩军飞箭可以穿透敌军的铠甲、射穿胸膛，因为韩军用脚踏连弩的方式射箭。

看过张艺谋拍摄的《英雄》的人一定记得，秦军攻打赵国时，先进行箭攻。秦军飞箭，密密麻麻就像五月的蝗灾，更重要的是能够穿云裂石，杀伤力很强。

韩军强弓硬弩的威力，就如电影中秦军的威力一样。唐人李峤作了一首名叫《弩》的五律诗，叙述苏秦利用韩军弓弩优势游说韩国一事：

挺质本轩皇，申威振远方。

机张惊雉雊，玉彩耀星芒。

高鸟行应尽，清猿坐见伤。

苏秦六百步，持此说韩王。

在战国时代，韩国是中原地区的兵工厂，制造的强弓硬弩很出名，锻造的剑也以锋利著称。《史记》记载，韩军的剑"陆断牛马，水截鹄雁，当敌则斩坚甲铁幕，革抉簠芮，无不毕具"。

这话的意思是，韩军的剑很锋利，在陆地随便腰斩牛马，在水上轻易劈杀天鹅、大雁。如果上阵临敌，砍削敌人的铠甲、铁衣如削泥，大至盾牌、臂套，小到系在盾牌上的铁丝，没有韩国的剑砍不断的。总之一句话，韩国的剑削铁如泥，天下第一锋利。

韩国的强弓硬弩天下第一，宝剑锋利天下第一，兵士又勇猛异常，苏秦为韩宣王甘心侍奉秦国感到痛心。

秦国十分贪心，如果韩国侍奉秦国，秦国一定会强行索取宜阳和成皋。而如果韩国割让土地，秦国一定不会就此罢休。

年复一年，韩国的土地越来越少，秦国的贪欲却越来越大。如果韩国受不住秦国的压榨，突然不再割土地给秦国，韩国就会丢掉以前割地讨好的功效，遭受祸患。

苏秦分析有理，韩宣王听得胸中愤怒。

土地是有限的，贪欲是无穷的，以有限的土地侍奉无穷的贪欲，这叫拿钱购买怨恨，纠结灾祸。俗语言，"宁为鸡头，不为凤尾"，苏秦劝韩宣王仔细思考未来。苏秦如此分析，韩宣王对自己曾经做出的决定很是后悔。

韩宣王虽然没有谋略，但是十分勇猛。被苏秦点化后的他脸色大变，撸起袖子，右手按剑，仰天长叹，他立誓决不侍奉秦国，同时，表示愿意参与合纵，将国家托付给苏秦。

离开韩国后，苏秦来到被秦国打得一片狼藉的魏国。在秦军的武力威胁下，魏国不仅自称秦国的属臣，还为秦国建造离宫，接受秦国的分封，采用秦国的冠服式样，春秋两季按时纳贡助祭。连周天子都没有享受过魏国的如此侍奉，可见秦国多么强横。

魏国确实不堪秦国一击，苏秦不能睁着眼睛说瞎话，而是举一些以少胜多、以仁德战胜暴力的例子给魏襄王听。

越王勾践卧薪尝胆，只用3000名疲惫的兵将就活捉狂妄自大的吴王夫差；周武王也只有3000名兵士和300辆破车，就能够在牧野制服暴君商纣。苏秦的意思是，战争的胜败不仅在于实力，更在于扬长避短，充分发挥自己的威力。

他引用《周书》里的一句话，草木刚刚生长出嫩芽的时候，如果不及时剪除，待嫩芽长成粗壮的枝干，必须用斧头才能砍掉。苏秦劝魏国及早考虑未来，而不是听信连横家的诱骗，走一步算一步，因为主张连横的人为了个人利益不惜损害国家利益。

一番思量后，魏襄王答应参与合纵。

纵观魏国的历史，失去商鞅后，魏国就彻底沦为二流国家。魏国国君在强秦的武力威胁和自身的国家利益之间摇摆，秦国逼迫紧急时参与连横，秦国松懈时加入合纵，朝三暮四。

从魏国出发，苏秦一路东行来到东方大国齐国。齐国与秦国相距很远，中间又隔着好几个国家，还没有受到秦国的实际伤害或者威胁。而且，齐国南有泰山，东有琅邪山，西有清河，北有渤海，地理位置得天独厚。遭遇的战火少，齐国百姓致力于生产，因而物产丰富，家给人足。

在齐国国都临淄，人口众多，百姓举袖成云，挥汗成雨。齐国参与过好几场战役，但没有一次因为战争而征调全国兵力，例如泰山以南和清河一带的百姓就没听说过参军一事。

尽管实力雄厚，地理环境优越，齐国同样侍奉秦国，苏秦为它感到羞耻。

拿韩、魏与齐国对比，韩、魏侍奉秦国，因为与秦国接壤。如果韩、魏不听话，秦国大军发动，即使韩、魏胜利了，也已经被战争损伤，无力抗击其他国家的趁火打劫。如果秦国赢了，韩、魏就会陷入亡国的危险，出现这种情况的可能性极大，只因为秦国强大。

与韩、魏相比，齐国占据了很大的优势。首先，齐国与秦国相距很远，中间隔着几个国家，秦国不敢贸然攻打；其次，即使秦国攻打齐国，秦国未必就赢，因为齐国实力不弱，且以逸待劳；最后，就算秦国打赢了，也不一定能够占领齐国的土地，因为隔着其他国家控制齐国不方便。

苏秦认为，齐国之所以侍奉秦国，不是受到秦国威胁，也不是齐国无能，而是消息闭塞，战略方法不当。听到战略有失，齐宣王认同苏秦的观点，说他偏居东方，孤陋寡闻，不明时局，愿意举国听从苏秦的号令。

说服齐国后，苏秦的下一个目标是楚国，此时的楚国国君是楚威王。

楚国是一个很古怪的国家，如果遇上贤明的国君，楚国就很强大，甚至能够抗衡秦国；如果国君无能，楚国就是一只纸老虎，虚有其表，外强中干。那时流传一句话，欲称霸天下，非秦必楚。意思是，尽管诸侯国很多，能够称霸天下的只有两个国家，如果不是秦国，必然是楚国。楚国是有实力的大国，关键在于国君能否发动国家的战斗力，激发军队的斗志。

面对这么一个潜力强大的国家，苏秦先指出楚国地大物博，军事力量雄厚，除了秦国，其他国家唯楚国马首是瞻。然而，一山不容二虎，一个天下不能同时容下秦国和楚国。如果秦国势力增强，楚国必然被削弱；反之，如果楚国势力增强，秦国必然会被削弱。

楚国与秦国的力量对比很微妙，苏秦建议楚威王留心，谋事于未萌，在祸害还没发生之前就早做决断。不能威胁，苏秦就以利益诱惑。他保证如果楚威王听从他的建议，其他诸侯国都会按时向楚国纳贡，举国听从楚国的指教。苏秦以利益诱惑，楚威王却心不动半分，因为他真正关心的是秦国对楚国的威胁。

秦国有吞并天下的野心，这是尽人皆知的。夺取巴、蜀后，秦国已经深深威胁到楚国的安危。韩、魏等小国经常遭受秦国欺负，最后成为秦国的依附，楚国不能和他们商议大事，因为他们可能泄露给秦国。一旦计划败露，大事干不成不说，还要深受其害。

日思夜想，楚威王就想找一个帮手为他出谋划策，共同抗衡秦国。朝臣大多主张连横不可信赖，为了国家利益，楚威王终日苦思，食不甘味，坐不安席。

游说大半个中国，直到楚国，苏秦才遇见真心合纵的国家，既可喜，也可悲。说可喜，因为人生有一个事业上的知己；说可悲，因为没有几个合纵的国家真正有诚心。

合纵大业是苏秦的主要成就，离开家乡后，他先到赵国，结果被赵国拒绝。北方的燕国是苏秦合纵事业的起步点。紧接着，苏秦南下，先后经过赵国、魏国、韩国。又从韩国向东，进入齐国，最后南下入楚。

苦心人，天不负，经过一番奔波，苏秦终于佩带上六国相印，当上合纵国的"盟主"。

回报率最高的投资

在中国转了一个大圈，苏秦总共说服了六国国君，随行队伍也越来越壮大。一路行来，都有国君赠送车马、钱物、礼品等。

带领着六国使者招摇过市，其气派可与帝王相比。离开楚国后，苏秦北上要回赵国复命。由楚国到赵国，途中会经过苏秦的家乡洛阳。

对苏秦而言，洛阳表面上是家乡，但又依稀如梦中的异乡。凡是在外奔波的游子，都说家乡远在万里，苏秦却觉得隔离他与家乡的不是万里山川，而是淡漠的人情。

曾记否？苏秦游说秦国失败，只身徒步回乡。黄昏残照，夕阳如血，家在万里，山川阻路。苏秦打着绑腿，穿着草鞋，背扛肩挑，好不凄凉。唐人高适说，"苏秦憔悴人多厌"（高适·《九日酬颜少府》），这话说尽其中凄苦。

听说苏秦的排场甚大，周天子十分惊恐，派人清扫道路，命使臣出郊迎接、慰劳苏秦。

进入洛阳，苏秦见到了阔别已久的家人。《史记》记载，"苏秦之昆弟妻嫂侧目不敢仰视，俯伏侍取食"（《史记·苏秦列传》）。

意思是说，苏秦坐在华贵的马车里，他的家人出门迎接，兄弟、妻子和嫂子都斜着眼睛，不敢抬头与苏秦对视，一律俯伏在地，恭恭敬敬地服侍苏秦用餐。

仍旧生活在战国，仍旧生活在洛阳，家人的态度却发生了如此巨大的变化。苏秦见此情景，感慨百端，一时难以理清。唐人沈亚之一句"都作无成不归去，古来妻嫂笑苏秦"（沈亚之·《送庞子肃》）道出了其中的心酸。

第一次回家，嫂子不做饭，最伤苏秦的心。他笑着问嫂子，为什么以前傲慢无礼，现在却恭顺敬重？

富贵荣华的小叔子发问，嫂子感到万分荣幸，赶紧俯伏在地下，如蛇一般弯曲着身子，匍匐而行，爬到苏秦身前，脸颊贴着地面以表示请罪，说因为苏秦地位显贵，钱财很多。

听了嫂子的话，苏秦实在抑制不住心中的伤感，说："此一人之身，富贵则亲戚畏惧之，贫贱则轻易之，况众人乎！"

世间只有一个苏秦，苏秦不会变。然而，人情淡薄，如果富贵了，亲人就敬畏；如果贫贱了，亲人就轻视。至亲之人尚且如此势利，何况没有任何关系的外人！

尽管受到家乡人的伤害，苏秦还是宽怀大度，散发大量金银给亲戚朋友。第二次游说，苏秦向邻居借了一百钱的路费；现在富贵了，加倍，还一百万钱。

随从们都接到赏赐，唯独一个人没有，于是他向苏秦申说。原来，苏秦不赏赐并非忘了赏他，而是想教训他。

洛阳人情淡薄，苏秦深深受到伤害。苏秦肚里能撑船，不计较仇怨，但这并不表示他心里没伤。苏秦赏赐亲朋的行为完全是恪守君子行为的表现。

这个随从心志不坚，跟随苏秦从洛阳到赵国只为发财。赵国拒绝苏秦时，他以此认为苏秦靠不住就打退堂鼓。苏秦好言劝说几遍后，他才勉强跟随前往燕国。苏秦教训他一通后，却也给了他赏赐。

荣耀还乡后，苏秦一心前往赵国。他的辩才远胜千军万马，赵王对其十分倚重，封为武安君。在战国时期，"君"属于社会身份极高的人，例如孟尝君、平原君，可见赵王对苏秦的重视。

面对秦国的强横无礼，苏秦想给它点颜色看，于是将六国合纵的盟约送给秦惠文王。苏秦的意思是，你秦国别妄自尊大，经过我的努力，六国已经联合成一体了。如果秦国六国中的任何一国，六国必将共同应战，秦国一定不是六国合力的对手。果如苏秦所料，秦国不敢窥伺函谷关以外的国家长达15年之久。

可是世间没有一劳永逸的事。苏秦可以合纵，别人也可以连横，例如张仪、陈轸和公孙衍之辈。苏秦合纵成功致使秦国不敢轻易发动战争，所以其想方设法破坏合纵。

这时，秦国派公孙衍出使魏国，同时欺蒙齐王，欲联合齐、魏攻打赵国。赵国合纵，秦国就连横。

在看似支离破碎的战国地图上，齐、魏、秦三国几乎在一条东西走向的直线上，赵、魏、楚几乎在一条南北走向的直线上。如果以中国人的思维习惯读图，齐、魏、秦三国连成的直线是横线，赵、魏、楚三国连成的直线是纵线。如果秦国连横成功，秦、魏、齐一条心，会犹如一把大刀砍断赵、楚，使赵、楚不能互相救援。

魏国已经被秦国打怕了，所以在公孙衍七分威胁、三分利诱下，魏国只得向秦国妥协。齐国偏居东方与秦国遥遥相望，实力强大也想称霸天下。秦国想利用齐国，而齐国也想利用秦国。退一步说，齐国那么强大，很少有其他国家敢打它，它怎么会甘心保护弱小的魏、韩、燕等小国？

公孙衍不负秦国厚望，成功说服魏、齐。秦、魏、齐三国发动大军夹击赵国。赵国措手不及，大败，损失惨重。

当时苏秦见赵王时，说得眉飞色舞如天女散花，保证赵国享有合纵国的尊敬。现在，合纵国不但没有听从赵国的号令，还反戈一击，对赵国打击不小。

国家损失惨重，赵王十分生气，一腔怒气发向苏秦，把苏秦骂得狗血淋头。赵王发威了，苏秦请求出使燕国，保证报复齐国。

离开家乡之初，苏秦一心以为合纵大业是他的家。殊不知，合纵只是一座桥梁，而人是无法栖居在桥梁上的。合纵大业幻灭后，眼望茫茫世界，苏秦暗问：何处是家？

合纵以赵国为核心，以苏秦为盟主。因此赵国不能没有苏秦，苏秦也不能离开赵国。如果苏秦离开赵国，就表示合纵失败。如果合纵破败，为了自己的利益，其他小国不得不另谋他路。赵王看不透其中奥秘而放走了苏秦，合纵顷刻间土崩瓦解。

奔波几载，苏秦费尽心力好不容易建立了合纵联盟，然则齐国却反复无常，苏秦心中着恼万分，遂决定报复齐国。

在死后为自己复仇

不幸的人面对的是生命的残酷，幸运的人面对的则是生命的艰难。苏秦既幸运又不幸，因而他的生命既残酷又艰难。

幸好，苏秦是不惧艰难的人。为了理想，他敢说敢做。

他可以引锥刺股，可以在屡受挫折、遭人冷眼后，仍保持自信，可以从容地接受六国相印，四处散财……

尽管苏秦的腿脚不灵活，这也没损害他的男子气概。他虽不是玉树临风却也是魅力四射，据说燕国的第一夫人就抵挡不住苏秦的魅力，与苏秦私通。

燕文侯死后，燕国第一夫人与苏秦私通的事被燕易王知道。当然，此事也有可能是忌妒苏秦权位之人的恶意中伤。就像当年秦孝公死后，别人对商鞅的诬陷一样。

发觉私通一事后，燕易王并没有立刻惩罚苏秦，而是对其越发优待。这令苏秦很畏惧，所以他请求出使齐国。

苏秦的说辞是，他待在燕国就是废人一个，于国家无利。如果他入齐国开展破坏活动，将大大有利于燕国。

齐国曾经破坏合纵大业，苏秦对之恨之入骨；齐国不断侵犯燕国，燕易王对齐国也无好感。苏秦与燕易王对其皆有怨恨，所以决定拦腰斩乱齐国。

既然是潜入齐国开展破坏活动,苏秦就先假装得罪燕国。由燕易王下令追捕,苏秦趁机逃到齐国。

苏秦入齐,齐宣王十分高兴,任用苏秦为客卿。客卿这个身份,相当于军队里的军师,政府里的智囊,可见齐宣王十分看重苏秦。

进入齐国后,苏秦出了不少馊主意、歪点子,弄得齐国的国家名誉直线下降。但是齐宣王十分倚重苏秦,十分相信苏秦的言语,并不听朝臣的劝谏。齐国朝臣将一腔愤怒泼向苏秦,视苏秦为眼中钉。

齐宣王死后,齐湣王继位。

苏秦的敌人是齐国不是齐国国君,所以尽管齐国易主,但苏秦的破坏工作还在继续。苏秦告诉齐湣王,他刚刚继承大位应该干点大事以彰显国君的身份。例如,将齐宣王的葬礼办得越铺张越隆重越好,尽量吸引其他国家和百姓的注意力。如果大办葬礼不能吸引国际关注,那就大兴土木,侵占百姓的耕地,将宫室建得越高越辉煌越好。

这些年,苏秦一心开展破坏工作,目的有两个:第一,破坏齐国的国际关系,让其他国家攻打齐国;第二,引发齐国国内百姓的怨恨,让百姓起义,推翻齐王。

齐宣王十分信任苏秦,迷迷糊糊地走上苏秦指引的下坡路;齐湣王并无从政经验,也稀里糊涂地走上苏秦指引的邪路。

就在齐国将要被苏秦拆毁之际,燕易王突然死了,其子燕哙继位。苏秦实质上是燕国的间谍,但燕哙对此事并不知晓。不知燕易王是没有将苏秦工作的性质交代清楚还是其他原因,总而言之,燕国怀疑苏秦。

齐国换了新国君,燕国也换了新国君,苏秦的工作越来越不顺手。光是对付国君就很困难,苏秦还要分心对付其他朝臣的围攻。

燕、齐两国朝臣群起而围攻苏秦,经过几番大战,终于找到苏秦的死穴。

苏秦身在齐国,刺杀行动由齐国的朝臣负责。齐国大夫不惜重金,聘请一身恶胆的死士,让他刺杀苏秦。苏秦是纵横家,不是法家,警惕性没有商鞅高。商鞅出门时跟随他的随从全身武装,保护他的队伍不下千人,目的就是为了防止暗杀。

在杀手的追杀下,苏秦身负重伤,尽管侥幸逃脱也是奄奄一息。

纵观苏秦的一生,似乎是报复的力量在支撑着他。被秦国拒绝,遭遇家人冷眼,苏秦决心报复,因而引锥刺股,鼓吹合纵;齐国背弃盟约,坏了苏秦的合纵大业,苏秦的下半生都活在痛苦的破坏生涯里。

要臣被刺,齐湣王出动军队,封锁全城全力捉拿刺客。但有人接应刺客,齐湣王劳而无功。

临死之际,苏秦告诉齐湣王,只要在闹市将他五马分尸,告示天下,说苏秦为燕国在齐国从事破坏活动,杀手必然自动现身。

五马分尸很残酷,但这是苏秦唯一的遗愿,齐湣王只得答应。再说,告示天下,苏秦为燕国在齐国从事破坏活动,杀手就会自动现身,齐湣王也想查清其中的奥秘。

闹市之中,苏秦被五马分尸。就在苏秦被撕裂成几大块的残酷一刻,刺客果然自动现身。

对历史而言,刺客出现,他的生死已经无关紧要,因为随着他的出现,更重要的秘密将被公之于众。那就是,苏秦存心不良,为了燕国,在齐国从事破坏活动,妄图分裂齐国,破坏齐国的国家安全。

苏秦被五马分尸,身在楚国的张仪听到这个消息后,既惊恐又高兴。张仪惊恐,因为厉害的人物都不得好死,商鞅被五马分尸,苏秦也是,下一个会是自己吗?张仪高兴,因为他可以借苏秦从事破坏活动的事大做文章。

凭着一张利口,借苏秦这件不光彩的事,张仪相信天下是连横的天下。

同门师兄弟,苏秦能够佩带六国相印,张仪也要跟苏秦比一比。怀着如此远大的理想,张仪向好色的楚怀王进军了。

第三章

秦楚之争，楚王客死异乡

秦国诱捕楚怀王

秦王国的军事力量在秦昭襄王时期得到进一步发展。秦国通过与齐国、韩国、魏国的联合行动以及自己的单独行动，使楚国受到重创。为了进一步稳固东方六国的局势，消灭对自己有威胁的力量，秦国开始进一步加强对楚国的打击。

楚国与齐国的联合，给了秦国进一步进军的理由。这次，宣太后与秦昭襄王一起上演了一出"鸿门宴"。

秦国之所以采取这个策略，是有着充分考虑的。此前，即周赧王十六年（公元前299年），秦军对楚国发动了进攻，攻陷了楚国8座城池。秦国虽有灭亡楚国的实力，但是列国正处于隔岸观火的状态中，只要秦国威胁到他们的利益，列国必然再次联合起来共同对付秦国。还有一点不可忽视，楚人历来悍勇，秦国想要彻底地灭亡它绝非易事，还很可能陷入战争的泥潭不可自拔。到时齐国、魏国、韩国便会就此机会进攻秦国。

有鉴于此，秦国向楚王写了一封言辞恳切的书信，邀请楚怀王到武关谈判。楚怀王正拿不定主意时，一位大臣向前进言道："大王最好不要去赴约，秦国不守信用，不值得信任。"这时楚怀王的一个儿子却说："秦国是好意，为何拒绝？"于是楚怀王便决定会见秦昭襄王。

正如那位大臣所言，秦昭襄王并没有按照约定到武关，而是用卑劣手段将楚怀王挟持到秦国的咸阳,以此要挟楚国向秦国割让土地。楚怀王坚决不接受这样的条件,结果被秦国关押起来。

消息传到楚国后,大臣们为国家安全考虑,决定另立新君。

然而,当时楚国太子正在齐国做质子。楚国上下可谓乱成一团,家不可一日无主,国不可一日无君,楚国不可没有掌舵之人。于是,楚国文武百官多数建议,既然太子不在国中,就让楚怀王的一个庶子为登基之人,一者,可以稳定当前楚国的局势;二者,可以防备其他国家的不轨。

可是他们没有考虑到的是楚怀王子嗣众多,如果册立庶子为君王,合乎规矩的人就太多了,眼下国际局势不稳,楚国随时都有被倾覆的可能。同时楚国内部也是风云暗动,如果册立庶子,名不正言不顺,政局必将动荡不堪,原本想要的结果就会恰恰相反。

这一切,只有昭雎看得清楚明白。

昭雎为楚国的贵族大臣。平生做过很多错事,例如楚怀王命屈原出使齐国说服齐与之联合,而他竟然暗通张仪,致使合纵的计策就此失败。后来,齐国、秦国联兵攻楚国,面对秦军的进攻和楚怀王的命令,他竟然坚持"将在外,军令有所不受",对楚军的困境置若罔闻,致使楚将唐眛兵败身死。直到楚国衰微,他终于改过自新,暗想如果继续下去,国家必定不得保全,自己的功名富贵也必将成为梦幻泡影。所以在楚王即将赴秦国之约时,昭雎便力劝怀王勿去,可惜为令尹子兰所阻,楚怀王终于难逃厄运。

昭雎明白唯有太子横回国主持大计,楚国才能够在风雨飘摇的动荡之中稳定下来。于是,他决定派遣得力人手作为楚国的使者,前去齐国将太子横接回。

使者来到齐国,依照昭雎早就定下的计策,向齐王撒谎称道,楚国国王已经在去秦国之后身死。当时齐国是东方强国之一,国内自然不乏能人异士,他们虽然不能预测楚王的生死祸福,但是对于局势的分析还是很明晰的。

最终齐国得出结论：楚王很可能出事了，但是不一定死亡，楚国群龙无首，所以要接太子回去主持大局。齐国当然不会就这样让太子横回去，太子横若想回国即位，需答应齐国的条件：拿淮河以北的土地交换。

当时在齐国担任国相的，正是闻名天下的孟尝君。

孟尝君，历史只记载了他卒于公元前279年，妫姓、田氏、名文，因而更多的人称其为田文。其和魏国的信陵君、赵国的平原君、楚国的春申君并称为"战国四公子"。

此时此刻，孟尝君正作为齐国的股肱之臣，为齐国国王出谋划策。

齐国人认为楚国要找一个人担任君王并非难事，然而要楚国奉献其淮河以北的土地给齐国，无异于虎口夺食。因此，孟尝君进言说道："楚国除了太子芈横之外，还有很多王子可堪大任，此次如果齐国不答应楚国的要求，楚国不仅会就此和齐国结怨，还会让齐国背负背弃盟约的骂名。如果楚国一怒之下，立了其他人做了楚王，那么芈横在齐国手中，又有什么用处呢？到时怕芈横就成了齐国的一块鸡肋，食之无味，弃之可惜。"（《战国策·楚策》）

齐国上下闻言，都觉得孟尝君说得很有道理，于是将太子芈横送回楚国，他就是楚顷襄王。太子芈横之所以能够安然回到楚国坐上王位，昭雎的功劳无疑是最大的。然而楚顷襄王在位时，却并没有就此重任昭雎，反而让子兰做了一人之下万人之上的相国位子。

可当初正是子兰的建议，楚怀王才会深陷秦国、前途未卜，何以楚顷襄王会闻而不察呢？其实楚襄王的心思正和后来的宋高宗一样，他们并不是"名正言顺"的获得国君之位的。对楚顷襄王而言，若不是子兰，他也许就不会登上王位，所以他才会对子兰"闻而不察"。

无论如何，楚国暂时免于战乱，江山得到了暂时的保全。太子横是最大的受益者，取代了楚怀王，开始了顷襄王的时代。秦国宣太后和昭襄王本以为借机会扣押了楚怀王，楚国会就此大乱，秦国可趁此从中渔利。没想到他们的计划泡汤，只能重新调整战略目标，开始新的战略运作。

屈原沉江

"鸿门宴"没有起到预定的效果，宣太后和秦昭襄王决定用武力震慑楚国。

楚顷襄王元年（公元前298年），秦军由武关出击，将楚军再次打败，杀死楚国5万名士兵，夺取了析邑等15座城。楚怀王在这一时期逃脱秦国的魔掌，但中途被捉回。此时的怀王已经被秦国当作了一个战利品，虽然没有任何实际意义，但是其威慑力是存在的。3年后，楚怀王幽怨不已，病死在咸阳，秦国这才把他的尸体送返。

楚顷襄王即位之后，不仅没有励精图治，想办法营救父亲回国，共同图谋楚国的强盛，反而整日沉醉在歌舞升平、声色犬马之中。这样的楚国如何抵挡得住强秦的进攻呢？

春秋战国时期，一国趁着与别国君主会见的机会将其囚禁或杀掉，并不罕见。楚国也使用过这种手段，秦国囚禁楚怀王一事反而成了以彼之道还施彼身了。但秦国扣押楚怀王对各国的威慑力特别大，因为楚国对东方各国而言仍是强国，其君王竟被秦国囚禁，可见秦国的实力已在楚国之上。

楚国百姓极重感情，尽管楚怀王对不住国家，他们仍然很怀恋楚怀王，视他为一国之君。怀王尸体运回后，楚国百姓万分哀痛。

痛定思痛，百姓将楚怀王的死归咎于公子子兰。如果不是公子子兰劝楚怀王赴会，楚怀王就不会死。

公子子兰因劝楚怀王赴会被指责，与他持相反观点的屈原就会被称颂。在楚国，屈原品行高洁，智慧与才华兼具，深得民心。楚怀王不听屈原的建议，最终客死他国，这更能提升屈原的身份地位。

楚国百姓重感情，屈原也是重感情之人。楚怀王生前未能善待屈原，但屈原对楚国的赤胆忠心不减。

《史记》记载，屈原"存君兴国而欲反覆之，一篇之中三致志焉"。

意思是，屈原不忘怀念君王，复兴国家，扭转乾坤，在他的文章中多次表达此种情志。

尽管屈原忠心耿耿，情志拳拳，却始终无法一展抱负，满腔爱国之情无处施展。屈原很爱国，他感情丰富心思细腻，为国家的衰微感到痛惜。一个感情丰富且心思细腻的人长期遭遇排挤，借助才气，不免要发发牢骚。

屈原认为，楚怀王不用忠臣，一味听信张仪、上官大夫和子兰之言才导致军队惨败，丢失土地，最后落得客死他乡的下场。

于是屈原作文章大发牢骚抱怨子兰，子兰大怒，命上官大夫中伤屈原。几个掌权的人合力整治一个无权的人是最容易不过的事。在上官大夫和令尹子兰的煽风点火下，顷襄王偏听偏信，屈原就被放逐了。

一片忠心却接连遭受贬退、流放、放逐，就算坚毅如铁的人也会有灰心的一刻。被放逐的屈原来到汨罗江畔，披头散发，步履摇摇，一边走一边吟叹，真是"颜色憔悴，形容枯槁"。

苏秦游说秦国不成，归家时颜色憔悴。那时的苏秦还不知道家人抛弃了他，现在的屈原却感觉到整个世界都抛弃了他。对屈原这种深怀理想的人而言，如果不能实现理想，宁愿死得清白。

一位渔夫见到屈原，问他为什么到汨罗江。屈原心痛地说了几句话——"举世混浊而我独清，众人皆醉而我独醒，是以见放。"（《史记·屈原贾生列传》）

"举世混浊而我独清，众人皆醉而我独醒"一句，将贤才被弃的失意、痛心表达得淋漓尽致。

渔夫对屈原说，如果一个人的道德修养达到最高境界，他对事物的看法就不是死的，而是随着世俗风气而改变。既然全社会的人都污浊，就应该随波逐流，甚至推波助澜；既然所有人都昏昏醉醉，就应该陪他们大喝痛喝，甚至吃酒糟。

理想是不甘于向现实拜服的，屈原说，刚洗过头的人，一定要弹去帽子上的灰尘；刚洗干净身子的人，一定要去除衣服上的灰尘。如果一个人是干干净净的,怎么能容忍尘垢沾染呢?

最后,屈原表示,宁可投江而死,葬身鱼腹,也不愿让自己的清白遭受世俗的污辱。话都说到这个地步,屈原死志已决,无可挽回。

面对森森江水,想到自己的一身清白,屈原写了一篇《怀沙》。在《怀沙》中,屈原说"抚情效志兮,府诎以自抑"。意思是,摸着心胸自省,并没有一丝过错,尽管蒙冤受屈接连遭受压抑,内心也毫无畏惧。写完《怀沙》,屈原怀抱大石,"扑通"一声跳入江水中,一个伟大的理想主义者、辞赋大家作别纷乱的战国。

屈原自杀,究其原因原因是怀才不遇。如果用历史的眼光看待,是生不逢时。纵观中国历史,生不逢时的人很多,例如司马迁、贾谊、李商隐等,比比皆是。

作为怀才不遇的人,司马迁老先生写了一篇《悲士不遇赋》,起笔句就是:悲夫士生之不辰,愧顾影而独存。

细读历史,真是"楚人悲屈原,千岁意未歇。精魂飘何处,父老空哽咽"(苏轼《屈原塔》)。

第四章

险死还生的燕与由胜转衰的齐

燕昭王的黄金台

燕王哙被朝臣欺蒙,贸然将国家禅让给国相子之,最终引发内乱。当燕国发生内乱之际,齐国和中山国趁机发兵入侵。齐国占领燕国,中山国也抢夺了大片土地。

赵国不忿齐国和中山国捞便宜,于是保护还在韩国当人质的太子回燕国继位，借此分一杯羹。国家遭受大辱，燕昭王继位后，立志报复齐国，一雪前耻。但是，当时的齐国是东方霸主，连秦国都不敢贸然进攻齐国，何况是刚刚遭受战乱，还没恢复的燕国。

继位后，燕昭王大举招纳贤才，但是效果并不理想。时间一晃就过了几年，燕国仍旧没有治国的人才。苦闷的燕昭王向郭隗问原因。郭隗没有直接回答，而是讲了一个小故事给燕昭王听。

从前，有一个富人爱马如命。为了一匹好马，即使用千两黄金购买也在所不惜。但是，三年过去了，富人连好马的影子都没见过。不久，一位自称伯乐的人告诉富人，说他能够找到好马。

果然，不到三个月，他就通知富人，说找到好马了。但是，令富人生气的是，对方竟然送一颗马头给他，而且花了500两黄金。

富人告诉对方，他要的是活马，一颗死马的头对他没有用处。对方说，用500两黄金买一颗死马的头，只是象征。这个行为表明富人的爱马之心，如果此事传开来，天下的好马会纷纷被运送到富人跟前。

富人按对方的话去做，不到一年，就收购了三匹上好的马。

郭隗的意思是，如果真心求贤，光舍得出大价钱不行，还要有先例。如果燕昭王连他身边的人都肯优礼重金厚待，即使远在千里的人才，也会纷纷投奔。

燕昭王听后，长跪在地拜郭隗为师，并且为郭隗建造了一栋豪宅。

紧接着，燕昭王花费重金修建了令无数有志之士羡慕的黄金台。黄金台，又称招贤台，位于现今河北省定兴县高里乡北章村台上西。

黄金台筑好不久，大将乐毅离开魏国，只身前赴燕国。乐毅此行，既启动了他人生的辉煌之路，也拉开了燕国报复齐国的幕布。

乐毅是名将之后，他的祖上是魏文侯的宠将乐羊，乐羊曾经将飞扬跋扈的中山国给灭了。乐毅本为赵将，赵武灵王遭受沙丘政变后，乐毅万分伤心，于是离开赵国，到魏国谋得了大夫之位。

但是，乐毅在魏国无法施展抱负。燕国的黄金台筑好三年后，乐毅离开魏国奔赴燕国。与燕昭王第一次见面时，乐毅的身份是魏国的使臣。燕昭王对乐毅施以厚礼，乐毅被打动，答应委身为燕国的臣子。

为表达谢意，燕昭王封乐毅为亚卿。亚卿这个职位，地位仅次于上卿。《史记》记载："燕昭王吊死问孤，与百姓同甘苦。"

有国君如此，凡是失意的才子，人人称慕黄金台。李白曾希望，有人会"洒扫黄金台，招邀青云客"（李白《寄上吴王其三》）；刘辰翁说，"袖有玉龙提携去，满眼黄金台骨"（刘辰翁《金缕曲·贺新郎》）；李商隐甚至说，"夜归碣石馆，朝上黄金台"（李商隐《对题枢言草阁三十二韵》）。

在黄金台的帮助下，燕国招纳了三个厉害人物，军事家乐毅、纵横家苏秦和哲学家邹衍。

以金、木、水、火、土五行循环为历史发展轨迹，邹衍向燕昭王提出了他的哲学见解。他说，商朝的命运在于金德，崇尚白色，地理位置在西边；能够克制金的是火，因此周朝的命运在于火德，崇尚红色，地理位置在南方；能够克制火的是水，下一个王朝的命运一定是水德，崇尚黑色，地理位置在北方。

这个时期，最厉害的将军乐毅在燕国，最厉害的纵横家为燕国办事，命运又注定燕国生长在最北边，所以燕昭王雄心大起，决定先吞并齐国，紧接着称霸天下。

这时，历史已经走到了公元前286年，宋国已经被齐国吞并了。齐国的国君是一个新君，人称齐湣王。燕、楚、宋等国先后被齐国打败；韩、魏又俯首称臣；齐国帮助赵国彻底灭亡中山国，齐湣王不仅在对外策略上骄傲，还蓄意打击孟尝君。最突出的例子是，齐湣王与秦昭襄王相约，两人同时称帝，秦昭襄王自称西帝，齐湣王自称东帝。

狂妄的齐湣王惹得国内百姓怨恨，国外诸侯国纷纷反对，秦国第一个向齐国发难。秦国向齐国发难，有国家利益的争夺，也有私人利益的抢夺。齐国吞并宋国后，秦国国相魏冉很渴望的陶郡就落在齐国手里。

如果魏冉想夺取陶郡，只有用武力抢夺。

公元前285年，为了联合进攻齐国，秦昭襄王和楚顷襄王见了一面。以秦军为主，以楚军为辅，在秦国大将蒙骜的率领下，联军穿越韩、魏国境，侵犯齐国的河东地区，抢夺了九座城池。

连盟友韩、魏都不帮助齐国，可见齐国已经陷入众叛亲离的绝境，于是燕昭王命令乐毅攻打齐国。

活着的理由

燕昭王心意已决，乐毅不忍心违背他的意思，答应出军。但是，他提出一个条件：联合其他诸侯国。

乐毅的意思是，尽管齐国衰败了，但"百足之虫，死而不僵"，它的根基还很深厚，仅凭燕国的力量不一定能够彻底占领齐国。

燕昭王觉得有理，于是派人联合楚国和魏国。乐毅曾经是赵国的名将，很得赵国器重。赵惠王不仅答应将军队交给乐毅，还用占领齐国之后的利益诱劝秦国出兵。

经过一番努力，公元前284年，乐毅佩带燕、赵两国的相印，率领燕、赵、秦、韩、魏五国军队，浩浩荡荡地向齐国进发，这就是乐毅心目中的"举天下而攻之"。

为吸引齐国的主力，秦国大将蒙骜从河东地区进攻。齐国果然上当，倾全国主力，火速开往河东地区抵抗蒙骜大军。

就在这个时候，乐毅指挥燕、赵主力，从赵国的东南方出击，一鼓攻陷齐国西北边的边境屏障灵丘（今山东高唐南）。

灵丘失陷，齐国就暴露在联军的刀剑之下，全国一片慌乱。齐湣王急忙任触子为大将，达子为副将，命他们火速前往济西迎战乐毅。

两军沿济水安营扎寨，触子认为联军势大且锐气当头，应该先避开他们的锐气，凭河坚守，拖一段时间，等联军疲倦后再出击。

但是，齐湣王认为敌人都打到家门口了，如果不全力出击，岂不颜面尽失？他威胁触子，如果不出军作战，触子的全家将会被斩，甚至连祖坟都要被刨。

触子心地仁厚，他既忍受不了全家被杀、祖坟被刨，也忍受不了驱赶自己的士兵去送死。所以在两军列阵相持，即将开战之际，触子突然鸣金收兵，悄悄地逃得不知所踪。

想当初，齐、楚展开垂沙大战时，齐国之所以能胜利，在于大将匡章能够抵挡得住国君的威胁。触子却抵挡不住国君的威胁，临阵脱逃。乐毅见齐军群龙无首，遂大驱军马杀得齐国军队片甲不留。

联军乘胜追击，势如破竹，锐不可当。齐军副将达子收编残兵败将，退守都城临淄的西大门秦周。如果秦周被攻陷，临淄就很危险。

为了激发士兵的斗志，达子建议齐湣王犒劳军士。此时的齐国，已经陷入崩溃的边缘，没有多余的积蓄赏赐。如果真要赏赐，只能从国君的私库中提取。

让齐湣王动用私库，他十分恼火，不仅不发放，还大骂达子，说达子与触子是一丘之貉。

国君无道，军士灰心绝望，毫无斗志，不堪一击。秦周被攻陷，达子战死，临淄城突兀地矗立在乐毅眼前。

齐国已经惨败，诸侯国从中捞了不少好处，于是见好就收，纷纷撤军，只有燕军笔直地朝临淄进发。

乐毅的速度之快，令临淄城民措手不及，于是都城很快被攻陷，当时齐湣王已经逃跑。

燕昭王听说临淄被攻陷的大好消息后，火速来到济水岸边，封乐毅为昌平君，并举行了一场声势浩大的授勋仪式，任命乐毅为他驻扎齐国的全权代表。

所谓"三十年河东，三十年河西"，30 年前，齐军在燕国首都所做的一切，在 30 年后的临淄重演。

逃离国都后，齐湣王如丧家之犬，一路南奔来到卫国。曾经，齐国对卫国有恩。卫王感恩戴德，所以让出自己的宫殿给齐湣王住，让出自己的生活用具给齐湣王用。总之，齐湣王在卫国所受到的待遇，就像他在齐国受到的一样。

但是，齐湣王并没有吸取亡国的教训，还把自己当成以前的齐湣王。他竟然在卫国耍国君的脾气，对卫国君臣颐指气使，毫不尊重。卫国一怒之下，断绝对齐湣王的供给。

齐湣王只能再次逃亡，他来到邹国和鲁国，结果这两个国家都不接纳他。不被其他国家接纳，无处可去的齐湣王只能逃回自己的国家，栖身在南部小城镇莒。

正当齐湣王走投无路之时，楚国向他伸出了援助之手，派大将淖齿率领一万多人保护齐湣王。楚国之所以出军帮助齐国，只不过想牵制乐毅，使他不能完全占领齐国。

看见一线生机，齐湣王又摆出架子，封淖齿为相。

尽管遭遇这些战乱，齐湣王自高自大的性格还是没有改变，一贯轻慢侮辱他人。淖齿不是触子，也不是达子，遂起兵反抗。

齐湣王手无缚鸡之力，很容易就被淖齿控制。淖齿问齐湣王，他是否知道从千乘到博昌一带，天上下的雨是血雨。齐湣王很高傲地说，他不知道。

淖齿的眼睛就要冒出火来，说在嬴、博一带，大地突然裂开，黑色的泉水迸涌而出，奔腾咆哮，问齐湣王是否知道这些事。齐湣王还是高傲地说，他一点都不知道。

最后，淖齿又问，这些日子人们常常听到山谷之间有孤魂野鬼的哭声，问齐湣王是否知道。齐湣王仍旧高傲地回答，他什么都不知道。

忍无可忍的淖齿直接说，天上下血雨，是上天对齐湣王的警示；大地冒黑色的泉水，是大地对齐湣王愤恨的表示；至于山谷之间有哭声，那就是百姓对齐湣王的控诉。

淖齿的意思是，既然上天、大地和人民都愤恨齐湣王，齐湣王就没有活在世上的必要。

一位身材魁梧、手段高明的大汉走到齐湣王身边，突然抽出一把刀，像解剖尸体一样将齐湣王的筋一根根挑断。紧接着，齐湣王被放进一面大鼓之中，大鼓就成了齐湣王的最后归宿。

最后的希望

齐国被打得溃不成军,都城被破,国君被杀。作为齐国的象征,孟尝君在哪儿呢?当时孟尝君在魏国,齐国被攻破,他也"贡献"了不少的力量。因此司马迁和司马光等历史学家对他出卖齐国的行为很痛恶。

司马迁说,孟尝君"好客自喜",意思是说,尽管孟尝君养了三千食客,但出发点不是为齐国利益,而是为了个人利益。司马光说得更明白,孟尝君"盗其君之禄,以立私党,张虚誉,上以侮其君,下以蠹其民,是奸人之雄也,乌足尚哉"。事情的经过是这样的,孟尝君被罢免后,弹剑而歌的冯谖告诉他,狡猾的兔子都有三个窝,只要孟尝君给他一辆马车,他就能为孟尝君找到三处栖身之所。当食客们皆离孟尝君而去时,忠义的冯谖仍然继续待在孟尝君身边,孟尝君就放手让他办事。

冯谖驾着马车来到魏国。他对魏惠王说,大贤人孟尝君的官已经被齐国罢免了,如果魏国能够卑辞厚礼以聘请孟尝君来,魏国就能打探到齐国的虚实。如此,魏国称霸天下就更容易了。魏惠王听后,火速派人去请孟尝君。

冯谖则以更快速度马上去见齐湣王。他告诉齐湣王,齐国之所以那么厉害,孟尝君的贡献不小。魏国听说孟尝君被免官,已经派人来接孟尝君了。如果孟尝君被接走,魏国的实力就会超越齐国。因此,为了国家利益,齐湣王应该尽快恢复孟尝君的官位。

齐湣王突然醒悟,火速派遣使臣去接孟尝君,同时派人到边境拦截从魏国来接孟尝君的人。魏国使者听说孟尝君在齐国恢复职位后,灰溜溜地返回。

孟尝君告诉冯谖,他很痛恶那些见他失势就抛弃他的食客们。现在他又重获高位,如果那些食客们再来投靠,他一定会朝那些人脸上吐口水。

为了开导孟尝君，冯谖以集市作为比喻。天刚亮时，众人都往集市里挤，因为集市里有他们所需要的东西；黄昏后，人们纷纷离去，对集市看都不多看一眼。这并不能说明，人们喜爱早上，痛恶晚上。

冯谖的意思是，很多人附庸富人是正常现象，因为他们能从富人那里获得所需要的东西。

在冯谖的游说下，魏昭王出于对付东边的齐国和西边的秦国的需要，拜孟尝君为相。

诸侯国联合攻打齐国时，孟尝君也出谋献策，魏昭王对他很信任。齐襄王继位后，孟尝君采取中立身份，表示自己不属于任何君王。

不参与任何斗争，孟尝君在魏国安度晚年，寿终正寝。

东方强国深受重创，国际势力又进行了一番重组。首先，在乐毅的带领下，燕国迅速崛起，名列战国七雄，诸侯国对其又恨又畏惧；其次，被齐国吞并的宋国又被秦、魏瓜分，穰侯魏冉终于夺得了宋国最富庶的陶郡和周边地区，余下的都被魏国占领；最后，淮北一带重新回归楚国的怀抱。

燕国是小国，兵力不足，无法全部占领齐国。因此，乐毅打的是闪电战，即带领军队火速出击，直捣齐国的战略中枢。占领重要地带后，再回过头去收拾齐国的残兵败将。

在乐毅带领的精锐之师的扫荡下，齐国的大部分地区都沦陷了，只剩莒、即墨（今山东省平度市东南）这两座城池。而齐湣王就是在莒城被楚国大将淖齿杀害的。

猖狂的淖齿激起了齐国百姓的愤怒，尤其是以王孙贾为首的保王派。王孙贾之所以敢公然反抗淖齿，是因为他的母亲。

王孙贾一直侍奉齐湣王。当燕国打进国都时，齐湣王逃跑了，但王孙贾不知湣王逃到何处。回到家后，他的母亲对他说："你每日早出晚归，我时常倚着家门盼望你归来；若等到晚上你迟迟未归，我会依旧倚着家门盼望你归来。你侍奉的大王逃跑了，你却不知他逃到何处，为什么还要回家来？"

听了老母亲一席痛骂,王孙贾激动万分,于是跑到巷口露出右臂,登高大呼:楚将淖齿杀害我们的国君,齐国百姓应该报仇雪恨。

没过多久,就有400多个身材魁梧的大汉参加。众人操起家伙,在王孙贾的带领下,气势汹汹地攻向楚军大营。淖齿毫无防备,在战乱中被杀,楚军溃败。

王孙贾有勇无谋,没有能力带领齐国,只能遍地寻找太子田法章。几日后终于在一户大户人家找到太子,那时的太子竟已私订终身,令众人惊叹。

原来,齐湣王被淖齿杀害后,恐惧的田法章偷偷地换了一身下人的衣服逃跑了。流浪一段时间后,他混到太史嫩的府上,负责浇灌蔬菜。

太史嫩生有一个女儿,正当妙龄。少女见田法章气度非凡,于是将终生托付给他。不久,王孙贾等人找到太子后,暂时以莒为都城,田法章即位,人称齐襄王。

太史姑娘被封为王后,但是,其父一点都不高兴,因为在他不知情的情况下,女儿竟与园丁私订终身。尽管父亲不高兴,女儿对父亲还是礼貌有加。从这一件小事,就可以看出齐襄王王后的手段十分高明。这就不难解释,为什么她能主导齐国外交政策几十年。

对齐国而言,莒城的胜利只是小胜利,因为即墨出了一个更加有谋略的领导人物,他就是田单,这才是齐国真正值得庆幸的。

田单是齐湣王的臣子,但是官职很小。乐毅就要攻破临淄时,全城人心惶惶,纷纷出逃,田单比别人快一步,先逃到安平。

不久,燕国军队又扑向安平,安平百姓人心惶惶,唯独田单指挥若定。但是他指挥的仅仅是自己的家仆。城就要破了,许多大户人家纷纷带上值钱的东西,坐上马车快速逃亡。田单不慌不忙,他不着急跑,而是先给车轴装上两个又坚硬又笨重的铁笼头。

来到城门口,马车非常多,免不了发生碰撞,不少马车的车轴都给撞断了。田单的马车却因套有两个铁笼头,最后安然无恙。

逃到即墨后,人们发现田单最有谋略,都推举他为首领。而即墨是一座孤城，四周都是乐毅的军队，被攻陷的可能性很大。

更令田单感到棘手的是，为了稳定情绪，收服民心，乐毅在占领区不断散布消息，只要诚心归降者，燕军一定不抓捕，并且供给吃喝。齐湣王在位时，非常骄横，有很多遭受诟病的严刑峻法。乐毅不仅废除严刑峻法，还改善治安环境，降低赋税，拉拢齐国的贤人入朝为官，奖励耕织。

四周都是战后欣欣向荣的局面，即墨城中的人都想出来投降，因为他们已经被乐毅围困了三年。

齐军的秘密武器

在被围困的三年里，田单并没有停下来。他也像乐毅一样开展攻心术，将即墨城中的百姓紧紧地拴在对祖先的情感上。

同时，田单还使用离间计挑拨乐毅与燕昭王的关系。有人向燕昭王进谗言，说乐毅片刻之间就能攻陷齐国的70余座城，甚至连国都临淄都可攻陷。现在居然花了三年的时间还没攻陷一座小小的即墨。由此看来，不是攻不下，而是乐毅不想攻，因为他要待价而沽。进谗之人甚至说，乐毅想独霸齐国，自封为齐王。

但燕昭王并没有听信谗言，为了给予乐毅支持与鼓励，他举办了一次规模盛大的酒宴，参加的人有文武百官和各国的使节。在酒宴上，燕昭王当众责备进谗中伤乐毅的人，他的意思是：燕国之所以能有今天，全在尊重人才，对人才放心任用。齐国趁燕国内乱，出军侵犯甚至杀害燕王哙。这种深仇大恨却很难报，因为齐国是强国。如果没有乐毅，仅凭燕昭王根本不能打败齐国，更别说攻陷齐国70余城。

燕昭王曾经许诺，只要有人能为他报仇，即使平分一半燕国给对方都在所不惜。乐毅带领军队占领齐国，可以说齐国就是他的，他有称王的权力。再说，乐毅当了齐王，燕国就能与齐国结交成兄弟之国，共同抵御外敌，真是天大的好事。

某些人居心叵测，蓄意挑拨燕昭王与乐毅的关系，罪可致死。燕昭王一声令下，进谗中伤之人，就被拖出去砍了。

事后，燕昭王送王后的服装给乐毅的夫人，送王太子的服装给乐毅的儿子，又命国相远赴前线，宣读乐毅为齐王的诏书。

乐毅感激涕零，死活不肯接受。可惜，好景不长，两年后，燕昭王死了，与乐毅不和睦的燕惠王继位。

与齐宣王的死是齐国霸业的转折点一样，燕昭王的死也是燕国侵占齐国的转折点，它标志燕国侵占齐国失败的开始。

田单抓住时机，又一次使用离间计，挑拨燕惠王与乐毅的关系。此次进谗中伤的内容与上次一样，不同的是，燕昭王不信，燕惠王却相信了。当初，乐羊能够灭亡中山国，全赖魏文侯的信任，但是信任乐毅的燕昭王已经离去。

受到燕惠王怀疑的乐毅不再敢回燕国，而是径直向赵国进发。乐毅走了，"燕人士卒忿"。之后，燕惠王重用的是只会高谈阔论的骑劫。

趁燕军军心不稳，田单就大造声势。首先，即墨城里每次吃饭前，都要祭祀祖先。这么多的好饭好菜，引得天上的鸟儿纷纷飞下来啄食。时间一长，无数鸟儿在即墨上空盘旋飞舞，十分壮观。城外的燕军看了，都觉得有神灵帮助齐国。不仅如此，田单还扬言将会有神仙下凡帮助即墨城克敌制胜。为了更加切合实际，田单更改了口吻，说神仙会派老师来指导他。

"我可以当你的老师吗？"一天一个士兵这样对田单说道，但他说完就一溜烟跑了。田单一把抓住士兵，请士兵坐在面向东方的上座，用侍奉老师的礼节对待士兵。

"我是骗你的，其实我一无是处。"士兵惊慌地说。

"你无须多言。"田单斩钉截铁地说。

自此而后，每逢发号施令，田单都要请教这位"神仙派遣下凡的老师"。

紧接着，田单又放出话：即墨城民最害怕见到燕军割掉齐国俘虏鼻子的惨状，如果齐军割掉俘虏的鼻子，等到下次两军相遇时，即墨城一定不攻自破。

骑劫很天真地相信了,拉出齐军俘虏,在烈日下排成一条直线。一声令下,齐军俘虏的鼻子纷纷掉在地下,呼喊惨痛的声音震天盖地。

即墨城民见此惨状,人人义愤填膺,对燕军恨之入骨。另外,他们彻底打消了投降的念头,因为害怕鼻子被割掉。

过些日子,田单又放出话来:即墨城民最害怕城外的祖坟被挖,因为那污辱了他们的祖先。

这次骑劫又相信了,竟然将即墨城外的坟都给刨了,还将尸骨给烧成灰烬。

看见满天飘扬的骨灰,即墨城民痛哭流涕,愤怒的情绪陡然增长了十倍,纷纷请求出城杀敌。

时机成熟了,田单开始修建防御工事。他不光操起夹板铲锹,与士兵们一起修筑工事,还将妻妾都编在队伍之中,拿出全部食物犒劳士卒。

不仅如此,田单还收集民间的所有财物,一共获得一千镒黄金,让最有钱有势的人送给燕军,并请求燕军攻破即墨城后,不要俘虏他们的妻儿子女。

燕军放眼一看,只见即墨城上的守卫全是老弱病残,甚至连妇女都有,戒备的心松懈了。就在这个时候,田单又派人到燕军营中,商量投降一事。

大将军乐毅攻了5年,即墨城固若金汤,毫无结果。骑劫刚刚上任,即墨就喊投降,燕军万分高兴。

在约定的时间和地点,骑劫优哉游哉地等待田单的投降。但是他等来的不是降军而是墨城中突然冲出的1000多头五彩斑斓的怪物,这些怪物的身上还燃着烈火。

光是这些怪物就很骇人了,谁又会想得到在这些怪物身后,竟然还有5000多个身材魁梧手持大刀的汉子。

原来,城墙上老弱病残的守卫是假象,全是田单的障眼法。他早就暗中训练了一批敢死队。

这些燃着烈火的怪物不是神物,而是又高又大的牛。田单给它们披上大红绸绢制成的被服,又在上面画一些五颜六色的蛟龙图案,给牛角绑上锋利的刀子,在牛尾巴上系一段浸满油脂的芦苇。

为了使1000多头肥壮的牛能同时攻向燕军,壮大骇人的声势,杀得对方措手不及。田单冒着城墙被攻破的危险,暗中凿了几十个大洞。凡是田单凿削过的地方,城墙就很薄。如果燕军中有机灵人物,一定会发现。可惜,骑劫不是乐毅,他没有发现。

牛群被烈火烧得疼痛,发狂般朝燕军大营急冲。又是在夜晚,燕军毫无防备,不是被牛伤害,就是被牛群身后的5000名壮士砍杀。同时,城墙上老弱病残的守卫使劲击鼓助威,甚至有人跟在5000名壮士身后大声呐喊,真是声震天宇。

《史记》的原文是:"牛尾炬火光明炫耀,燕军视之皆龙文,所触尽死伤。五千人因衔枚击之,而城中鼓譟从之,老弱皆击铜器为声,声动天地。"

清人吴见思读《史记·田单列传》时,做了一个批注:"田单是战国一奇人,火牛是战国一奇事,遂成太史公一篇奇文,其声色气势,如风车雨阵,拉杂而来,几令人弃书下席。"(《史记论文》)

在一番响彻天地的喊杀声中,骑劫没有能力迅速组织战阵,连自己也死在乱军之中。燕军溃散逃命,齐军乘胜追击,杀得好不痛快!

这时,其他沦陷的城市纷纷反攻,没有大将带领,燕军就如乌合之众,片刻间就被驱逐出齐国疆界。

田单收回了被燕军占领的70余座城后,前往莒城迎接齐襄王回临淄。

公元前279年,齐襄王返回临淄。在形式上,齐国还是以前的齐国。但是,在本质上,齐国已经沦为小国了,不再是东方霸主。

尽管乐毅没有完全占领齐国,燕国也没有彻底摧毁齐国,但是,齐国是败在乐毅的军队之下的,是败在燕昭王的招贤台下的。

第五章

胡服骑射，赵国强势崛起

赵武灵王胡服骑射

公元前317年，赵国联合韩、魏一起攻打秦国。结果秦国大败三国军队，一口气杀了赵国八万多有生力量。

公元前313年，秦国再次出动大军攻打赵国。此次秦、赵大战，赵国再次大败，秦国攻陷赵国的蔺城，俘虏赵国大将赵庄。

面对这么强悍的秦国，如果赵国再不进行改革，再不调整战略，一定会败亡给秦国。

公元前309年，赵武灵王来到九门，修筑了野台，作为瞭望齐国和中山国的工事。齐国的军队与赵国的没有太大区别，而中山国军队却与二者不同。

中山国的军队主要由健壮的战马和彪悍的骑兵组成。他们的战马是北方特产的高头大马，力量很大，奔驰迅速。骑兵头戴皮帽，上身穿紧身的短衣，下身是瘦削的裤子。他们也穿铠甲，但是铠甲很轻，不累人也不累马。

跟中山国士兵的装饰搭配，他们的武器是弓箭。每当偷袭时，无数骑兵一队一队地冲向敌方战阵，马蹄踏地，声如雷响，气势十分骇人。令对方无法还击的是，他们并不冲入战阵，而是骑在飞驰的马上射箭。

中山国士兵的攻击速度迅猛，他们的飞箭所向，赵国军士无不应声而倒，有七八成人伤亡在飞箭下。紧接着，中山国士兵骑着战马会径直冲向赵军的战阵。赵军，根本无力抗击，能逃的被战马撞伤，不能逃的被战马踏成肉泥。

既然敌军有速度和灵活上的优势，赵武灵王就决定取长补短，着手开展一场改革。他要求士兵穿便于骑马射箭的胡装，训练军队善于骑马射箭，一场胡服骑射的改革拉开了序幕。

在赵国有着明显的胡汉之分。汉人自恃文化先进，瞧不起胡人。所以赵武灵王第一个开展楼缓的思想动员工作。

他说道，回想往昔，赵氏祖上何等神武，连接了漳水和滏水的天险，修筑长城防御少数民族，还夺取了蔺城和郭狼等战略要地，并且打败猖獗一时的林胡人。现在，国家遭遇内忧外患，并且屡次进犯的中山国是最大的祸患。如果连小小的中山国都对付不了，赵国的灭亡就成了定势。究其缘由，赵国之所以会败，是因为军队的战斗力不足。

尽管赵武灵王很坚决，国内反对派的声音还是很大，他只得再次开展思想动员工作。这次动员的对象是顾命大臣肥义，如果肥义同意，改革的阻力将会大大减少。

听了赵武灵王渴望继承赵简子和赵襄子的大业，所以实施变革后，肥义支持赵武灵王的决定。他的原话是，"王既定负遗俗之虑，殆无顾天下之议也"（司马迁《史记·赵世家》）。

于是，赵武灵王第一个穿上胡装，同时派人转告公子成，希望他也穿着胡装上朝。

公子成姓赵，名成，是赵武灵王的叔叔。赵武灵王没做公子成的思想工作，因为觉得自己人会帮自己人。殊不知，改革的最大阻力就是以公子成为代表的宗室势力。

听了使者一番改革动员的话后，公子成不但自称有病，不能穿着胡装上朝，还说："中国者，盖聪明徇智之所居也，万物财用之所聚也，圣贤之所。"

公子成摆出一副天国上朝的大姿态，赵武灵王不得不登门拜访，亲自做说服工作。赵武灵王还是强调，"圣人果可以利其国，不一其用；

果可以便其事,不同其礼"。

经过一番发人深省的开导,又考虑到国家屡次遭受中山国的侵犯,公子成终于放下大架子和高姿态,抛弃俗见,穿着胡装上朝。

重要人物都同意变革,并且穿上胡装作为表率,赵武灵王即可颁布变革法令。一场以改变着装为主要形式的变革在赵国轰轰烈烈地展开了。

深入敌后的国君

改革的诏令刚刚下发,以赵文、赵造和赵俊等为首的宗族势力又跳出来反对。同往常一样,赵武灵王还是对反对派开展思想工作,而不是动用武力。在"随时制法,因事制礼"这一改革思想的灌输下,赵文、赵造和赵俊等纷纷支持变革。

经过几年的变革,赵国训练出了专门对付北兵的军队,军事实力大大提升,能够与中山国正面交锋。这些年,赵武灵王不忘打小规模的局部战争,既能训练军队,又能削弱中山国。

公元前307年,赵国攻占中山国的房子(今河北高邑西)地区。第二年,接着向西挺进,攻陷中山国的宁葭(今河北石家庄西北)和北人的榆中地区。代郡的郡守赵固兼管榆林,并且招募北地的青壮年进入军队。

大火已经烧到眉毛了,林胡王很害怕,马上献上胡马这种林胡地区的特产。胡马生长在自然环境恶劣的地区,但体大腿长且强健,很适合做战马。

同时,赵武灵王派出五大使臣,结交周边其他诸侯国。楼缓出使秦国,仇液出使韩国,王贲出使楚国,富丁出使魏国,赵爵出使齐国。

经过两年多的精心准备,赵国既增强了自己的战斗力,又打消了其他诸侯国横加干预它侵犯中山国的企图。更为重要的是,赵武灵王秘密派遣以李疵为首的使者暗中调查中山国的一举一动。李疵告诉赵武灵王,如果要进攻中山国,就必须抓紧时间,否则其他国家会先下手。

原来，中山国国君很喜爱中原文化，从民间提拔了70多个书呆子，让他们教育百姓。如果中山国接受中原文化，就要放弃他们擅长的骑射。如此一来，中山国就会变得不堪一击。

听到这个大好消息，赵武灵王很兴奋，立刻调动大军征讨中山国，这一年是公元前305年。

征讨大军兵分三路，赵袑带领右军，许钧带领左军，公子章带领中军，但全都由赵武灵王统率。公子章是赵武灵王的大儿子，尽管身为太子，因为作战勇敢，屡立奇功，赵武灵王很器重，每次出战都将他带在身边。

中央大军刚刚出发，牛翦和赵希就调动代郡的骑兵，指挥战车，浩浩荡荡地开动。中央军和地方军在曲阳（今河北曲阳西北）会师，一鼓攻陷丹丘（今河北定县）、华阳（今河北唐县西北）和鸱上（今河北定县）的要塞。

中山国学到的是中原文化的糟粕，没能发挥文化本有的优势，国家变得不堪一击。紧接着，鄗城、石邑、封龙和东垣相继被赵军攻陷。中山国王想尽快结束战争，于是献出4座城池，请求赵国撤军，赵武灵王接纳。

公元前304年，赵武灵王调整进攻方向，出军榆中地区，北上攻取黄河上游的河宗氏和休溷诸貉一带，设置了九原郡和云中郡。

九原和云中就在秦国的北面，所以赵国的领土已经和秦国接壤了。因此，柏杨说："如果他（赵武灵王）能够再活二十年，秦国可能受到严重威胁，历史又如何发展，难以预料。"这话是有根据的。

但是，就在公元前304年，赵武灵王深爱的惠后去世。赵武灵王答应惠后，让她生的小儿子赵何当太子，并且派大将赵袑辅助赵何。

休息不到一年，公元前303年，赵武灵王向中山国发起第二波攻击。此次进攻，赵国军队抵死往北打，一直打到燕国边境。如此一来，此次攻占的土地就能与云中、九原连成一片，赵国北方的势力大大增强。

公元前299年五月，赵武灵王在东宫召开盛大的朝会，宣布传位给太子赵何，他退居幕后，自称主父，一心研究军事。

为了惠后，赵武灵王无缘无故地废除赵章的太子之位，已经为国家的发展埋下隐患。不仅如此，赵武灵王又提前让位给年幼的赵何，腾出时间一心研究军事，又一次埋下威胁赵国长久发展的隐患。

那时的赵武灵王将全部精力放在对外战略上，没留心国内的局势，也没注意赵章与赵何的微妙关系。

光是一个中山国就打了七八年还没灭亡。谁知，赵武灵王突然雄心大起，想连秦国也给灭了。

传位给赵何后，赵武灵王带领士大夫们巡视胡地，想从云中、九原出军，向南偷袭秦国。但是，秦国太强大了，赵武灵王不敢贸然出军，他想先到秦国探查一番。

《史记》记载，赵武灵王乔装入秦，"秦昭襄王不知，已而怪其状甚伟，非人臣之度，使人逐之，而主父驰已脱关矣"。

这话的意思是，无论如何装扮，赵武灵王都不像人臣。他有一种伟岸的像国君的风度，秦昭襄王很奇怪。

原来，赵武灵王不仅想看秦国的地形地势，更像看看秦昭襄王这个人。他认为，只要看到秦昭襄王，就能了解秦昭襄王。一旦了解秦昭襄王，就有对付秦国的办法。

当秦昭襄王发现那个风度非凡的人是赵武灵王后，很惊恐！

刚从秦国回来，赵武灵王顺道巡视新占领的土地。由代郡向西，赵武灵王在西河遇上楼烦王。楼烦王很识相，主动归附了赵国。

公元前296年，赵武灵王向中山国发动第三波攻击。在赵国历时11年的打击下，中山国终于承受不住，归附赵国。

历史上有两个中山国，第一个被乐羊所灭，第二个被赵武灵王所灭，可见赵武灵王是一位拥有军事谋略的君主。

第五卷

大国之争,争夺霸权掀起惊天波澜

第一章

称霸之路，武安君的赫赫战功

基层崛起的统帅

商鞅在秦孝公时期推出了一系列富有创建性的变法措施，其中针对秦国一些掌权贵族贪婪、软弱、堕落的特性，商鞅在变法的法令中特别提出：有战功者才能升迁。这对当时的贵族势力是一个很沉重的打击，因为不管贵族的地位有多高，财富有多少，如果没有战功，便不能担任政府官职。而没有官职的直接结果，便是在社会上没有任何地位，最终沦落为平民。

这在另一个层面上则鼓舞了那些两手空空的人们，只要他们敢于放手与敌人大战，在战争中有贡献，他们就有可能改变自己的命运，实现鲤鱼跃龙门的奇迹。

白起便实现了这个奇迹。历史对于白起的出身语焉不详，只是言及白起为芈姓，是楚国白公胜之后。

春秋时期，东周王室衰微，楚国强大之后，楚君僭称王。于是乎，一人得道鸡犬升天，楚国的大夫、县令也僭称公。白起为白公胜之后，故又称公孙起。《史记·白起王翦列传》中对于白起的身世也只是简单地说道："白起者，郿人也。善用兵，事秦昭襄王。"郿人，即今陕西眉县东北人。从地理位置上看，白起应该是地道的秦国人，很有可能是在楚国和秦国交好的时期内，其祖上来到秦国，继而衍生出白起一脉。

无论怎样，白起最终成为了秦国的将领，是秦国自商鞅变法之后，从基层崛起的著名统帅。之所以说白起是从秦国的底层崛起，是因为前番提到的商鞅变法的内容，让白起不得不从第一个人头开始，赚取军功、获得爵位。

十六岁这年，白起还是一个懵懂的少年，怀揣着报效国家、建立功勋的梦想，踏上了行军旅程。

秦国军队对于军功有着最为具体的奖励办法：斩获人头的多少。

秦国军队中有令，任何士兵只要斩获敌人甲士一个首级，就可以获得一级爵位、一顷田、一处宅和一个仆人。斩杀的首级越多，所立战功越高，获得的爵位自然就越高。

十年的时间，白起在军队中不断磨炼，立下赫赫战功。秦昭襄王十三年（公元前294年），白起获取了"左庶长"的爵位，成为秦军领导层最年轻的一个将领。

当时秦国的军功爵位可以分为二十级，而"左庶长"这一职位恰好是第十级，已经属于卿的范畴，对于今天而言，几乎相当于一个师长。此时此刻，英武不凡的白起已经开始在军中崭露头角，并日益成为秦军中可以独当一面的人物。

十年磨一剑，白起已经做好了准备，去迎接更大的挑战。然而，如果按照他现在的这个速度（应该算是一般士兵中最快的），如果顺利，也至少需要三十年时间，才能够手握一方兵马。那时的白起，是否雄心依旧，壮志仍存，就很难预料了。所以白起所需要的，就是一个机会，一个扶摇直上九万里、一飞冲天入九霄的机会。

白起所等待的机会，就是一个能够改变他命运的人，这个人就是当时秦国的实际掌权者——宣太后的兄弟，秦昭襄王嬴稷的舅父，手握重兵、地位尊崇的魏冉。

魏冉和宣太后都是秦国的新兴势力，从楚国千里迢迢而来，在没有任何根基的情况下，一步步打破秦国旧式贵族的封锁，如商鞅一般，最终成为秦国显赫一时的人物，在秦国呼风唤雨。

然而,"木秀于林,风必摧之",魏冉明白,要在秦国站稳脚跟,除了要手握秦国的兵权,还要不断地培植自己的势力。一旦大树成荫,到时便会盘根错节,别人再想撼动这棵大树,就需要细细地考虑一番了。

正好,白起走进了魏冉的视野。在魏冉的眼中,白起作战勇猛坚毅,为人心狠手辣,做事果断干脆,但是缺乏心机,不懂政治,这种人才正是魏冉所需要的。

很快,白起的做事风格便被魏冉摸个一清二楚,白起也正好可以借助魏冉的势力帮助自己平步青云。

当时秦国在东方的最大的敌手是赵国,可惜赵武灵王被赵成和李兑所害,最终被活活饿死在沙丘的行宫里面。经过内乱,赵国已是元气大伤。而秦国的另一大敌手齐国则在紧锣密鼓地和楚国交战。

在各国征战不休的同时,秦国觉得机会来了,而这个机会的实践者,就是魏冉的得力干将白起。

公元前294年,秦国将自己的战略眼光看向了新城。新城即今河南的伊川,位于韩、楚两国交界之处。秦国之所以看中了这个名不见经传的地方,是因为随着秦国势力的东进,敌对国家的合纵势力不断增强,而这一地区,就是楚国和韩国相互交界之地。只要秦军控制了这里,韩楚之间的联系就可以被秦军从中间切断,韩国被逼无奈之下,只能弃车保帅,放弃和楚国联合对抗秦国的计划,转而和秦国联合。此时的楚国已经是日暮西山,韩国、魏国、赵国等都和秦国联合,谋求一举歼灭楚国,实现四分其地的愿望。

楚国也知道新城战略地位的重要,因而纠集了一大批精兵强将在此地镇守,这个地方易守难攻,楚国对其如此重视,必然有一番恶战。

可是就在韩国徘徊不前、其他诸侯国对新城局势尚且犹疑不决之时,白起出手了。白起以迅雷不及掩耳之势,用了不足一万的兵力,就攻占了新城这个战略要地,六国为之震惊,白起开始引起了人们的注意。

其实，白起也深知这一战不仅关乎秦国未来的军事进程，也关乎自己的从军进程，所以他不动声色的就在战前想好了此次制胜的关键所在——势。

首先，白起在战前便给将士许以加官晋爵的重利，借机提升秦军的士气；同时，白起还在战前给了新城敌军一个下马威，让新城的守城将士们知晓，秦军个个杀人无数，敌人死后必定会被割了头颅去领取军功。这让一向以文明自居的中原守将，心中胆寒不已，怯弱之心一起，战力便很快下降。

其次，白起还仔细地分析了战国的局势，向新城军民散播谣言，说白起大军将至，到时韩国将面临齐国、魏国、赵国的多面夹击，新城将士闻讯，军心自然打乱。

白起领兵打仗，能够从一场小小的新城一战中，分析出新城所面临的局势，很好地见证了孙武所言："故善战者，求之于势，不责于人故能择人而任势。任势者，其战人也，如转木石。木石之性，安则静，危则动，方则止，圆则行。故善战人之势，如转圆石于千仞之山者，势也。"

魏冉给宣太后初次介绍白起时，宣太后还不信有这样的人存在，经此一战见他如此神武，不禁心怀大畅，遂不待白起功成身返，便立马将其官升两级，封为"左更"，这个爵位已经很高了，当年大名鼎鼎的平蜀大将司马错也不过如此。

用实力证明自己

此时的白起，可谓平步青云，秦军中也不乏勇猛善战者，但如同白起这样升迁如此之快的人，还是屈指可数的。更何况一个小小的新城，在那些浅陋或者别有用心的人的眼中，怎么能够和蜀中那天府之国相提并论呢？司马错之功，实在非白起所能及。

事实上，此时的白起比起名满天下的司马错，的确是略有不及，但是他抓住了机会。一来得到了魏冉和宣太后的信任；二来处于宣太后和魏冉极力提拔人才、笼络为己用的关键时期；三来新城一战的胜利使其扬名；最后则是宣太后和魏冉都看到了白起的潜力。

但白起以后的杰出表现，让那些流言蜚语最终不攻自破。

公元前 293 年，韩国为了挽回颓势，遂联合一向摇摆不定的魏国，一起攻打秦军，妄图夺回秦军占领的宜阳、新城等地。魏国也知道唇亡齿寒、户破堂危的道理，秦军据守新城，不但切断了韩国和楚国的联系，也直接威胁了魏国的都城大梁。为了解除秦军的威胁，魏国同意与韩联合，兵锋所向，直指秦军所驻守的新城等地。

这一次，白起再一次证明了自己的实力。

然而秦国首先派出去抵御韩国和魏国联军的，并不是当时炙手可热的白起，而是"右庶长"向寿。

向寿，生卒年不详，只知他是宣太后的外甥，但是因为从小和昭襄王一起，对于昭襄王忠心耿耿，成为了昭襄王的心腹人物。秦昭襄王不管此次敌军实力强弱，都不会再次派遣白起前去迎敌。因为一旦白起胜利，则代表着昭襄王的失败，白起毕竟是魏冉的势力。为了挽回自己的颓势，秦昭襄王决定，让向寿去教训一下韩国和魏国，也让宣太后等人知道他并不软弱。

秦昭襄王的这点伎俩，宣太后和魏冉自然再也明白不过。因此，等到秦昭襄王言及要向寿为将出战之时，魏冉和宣太后都不同意。姑且不论向寿会借机夺取兵权，单以其实力而言，孰胜孰负实在是难以预料。

眼看宣太后和魏冉都给自己施压，朝中大臣也都偏向于宣太后的选择，认为向寿缺乏经验，很可能是个纸上谈兵之人。昭襄王突然觉得，自己此时和秦国的这两大势力较劲并不明智。一者自己羽翼未丰；二者秦国刚刚从内乱中走出，需要休养生息；三者，东方列国对于秦国也存有浑水摸鱼之心。此时的秦国，只能一致对外。再次转念一想，其实派遣白起前去，也不一定就是坏事。一方面，秦国此次能够出战的兵力最多不过 10 万人。因为其余大部分兵力都去了蜀中,还有一部分要镇守秦国的国土;另一方面,白起即使侥幸胜利,对于秦国而言,也未尝不是一场好事。白起声名鹊起自不用说,但宣太后终归不是秦国名副其实的统治者,到时候再拉拢白起,也未尝没有可能。

于是白起再次踏上了征程。

知己知彼,方能百战不殆,白起在接到了出兵的命令后,对于双方的各个方面做了一个比较系统的对比:

首先,在军力方面,秦国和韩魏联军的实力对比悬殊,秦军最终只征得十万兵力,而且许多还是老弱病残,非秦国的精锐力量;而反观魏韩联军,兵力数量达二十四万,可谓来势汹汹。韩国和魏国的兵力除了都是参加了垂沙之役的主力部队之外,还各具特色。其中,韩国之"材士",全都是弓弩步兵。当时对于韩国的军队主力,《史记》中论述说"强弓劲弩皆在韩出","天下之宝剑韩为众","超足而射,百发不暇止,远者达胸,近者掩心"。所以韩国军队在远攻城池之时会有很大的优势。另一方,魏国军队也不是易与之辈,魏之"武卒"个个耐力惊人,虽然都是身披重甲的重步兵,却都能健步如飞。如此魏韩二军,可谓珠联璧合、攻守兼备,秦军根本占不到任何优势。

其次,秦军在地理位置上的弱势,秦军要真正地伤及魏国和韩国的元气,就决不能坐以待毙。白起自然明白这个浅显的道理,因而他决定,实现中央突破,将战场从秦国占领地区转移到韩国和魏国的占领地区。而实现这一战略意图的关键,就是突破伊阙。然而伊阙所在为韩、魏门户,韩国与魏国自然派遣了重兵把守。更为致命的是,这里的地形为两山对峙,伊水流经其间,地势险要。韩魏联军占住了伊阙要塞,就等于将自己置于不败之地。白起所率领的秦军想要突破此关,实在是难于登天。

最后,将士们不信任白起。虽然白起自己"初生牛犊不怕虎",表面上对于魏将公孙喜和韩将暴鸢这两个成名沙场多年的老将表现得不屑一顾,但实际上,他很了解秦军如果不服从和信任自己,则军队必定离心，军心必定不稳。韩国和魏国的这两个将领已合作多年，曾经还一度攻入了楚国的方城，在垂沙一战中，让楚国精锐损伤殆尽。因此，此战不可轻敌，在鼓舞了军心之后，白起要做的是从战术上打败敌人。

白起此次作战方法是：各个击破。

秦军只要不与魏国和韩国联军一起交锋，就能够凭借秦国的尖兵利器和奋勇杀敌的气势，不输于一边。白起不仅是骁勇善战的猛将，还是一个足智多谋的将领。

白起深谙用间之道，当时的韩国和魏国，虽然看似铁板一块，但是实际上两国在边境上一直没有平静过，只要给其中任何一个国家许以重利，就一定能够孤立另一个国家。

所以白起当机立断，给魏将公孙喜写了一封信，卑词假意与魏国言好，希望魏军能保持中立。并许诺事后的战利品会和魏国平分，秦军将找到机会和兵力较少的韩国决战。

公孙喜有多年领兵打仗的经验，很容易看穿白起的这个反间之计。所以他在看了白起的书信之后，直接将信件扔到一边，心中暗自想道：白起果然是个浪得虚名，唇亡齿寒如此简单的道理，连路边的路人都知道，又怎么能够骗过他公孙喜呢！

不止公孙喜，就连白起手下的将领也觉得，白起这一招实在是不怎么高明，这种浅显的计策，只要略懂兵法的人都会很容易看出秦国的意图。而这恰恰是白起的真正计谋，如果连自己人都被骗了，那么公孙喜就一定会生出轻敌之心。

习读兵法，最忌"纸上谈兵"，关键所在是能够依据实际情况，让敌人分身不暇。所以白起又给公孙喜写了第二封信，信中谈到十分感谢公孙喜的配合，秦军明日就要攻击韩军，魏军只需要坐山观虎斗，事后少不了魏国的好处。

白起手下将领顿时便疑惑不解，前一次使出的离间计已使秦国使者碰壁，公孙喜已经明显看出秦军的意图。白起明知道结果，又为何送第二封信？

答案很简单，其实一开始，白起反间计的真正对象就不是公孙喜，而是韩国将领暴鸢。自然，和历史上很多成功的反间计一样，这封信很顺利地就到达了目的地——暴鸢手中。

暴鸢脾气暴躁，他一见公孙喜竟然和白起暗自通信，很是愤怒，对魏国失去信任。既然魏国靠不住，那么韩国就只能依靠自己了。于是，暴鸢吩咐守卫阙与的所有弓弩手全面戒备，只要韩军能够守住伊阙这个门户要地，让秦军无法到达韩国一马平川的地界，韩国就可确保无虞。

次日，秦军果然出现伊阙之外，双方都如箭在弦上，大战一触即发。

白起的升迁之路

然而从清晨到晚上，整整一天的时间，竟然不见秦军有任何实际性的动作，只是一少部分士兵在佯攻。这一战略，一者可以疲惫韩国的军队，二者可以转移双方的注意力，特别是魏国军队的注意力。魏国军队没有料到韩国竟然不等自己，就擅自和秦军动起手来。此刻见秦军已经围住了阙与，魏国只能想办法前去营救韩国。岂料就在这时候，秦军竟然朝着魏军动手了。

白起选择的进攻时间正是夜半时分。这一战，其实暴鸢早就预料到了，只是他预想的是，秦军会趁着夜色来掩杀占据优势地位、配备强弓硬弩的韩军。却没有想到，借着夜色的掩护，白起竟然率领秦军偷偷地绕到了魏军的侧背。公孙喜本打算趁着秦军与韩国军队陷入焦灼状态时，要么两线夹击，打秦军一个措手不及，要么好整以暇，坐山观虎斗。岂料秦军竟然放着在韩国守关的一万佯动军队不顾，转而攻击远远强过韩国军队的魏国军队。

白起的计谋令魏国军队防不胜防。就在公孙喜以为胜券在握的时候，秦军趁着夜色奇袭魏军。等到公孙喜恍然大悟时，一切都来不及了。秦军阵势已成，魏军猝不及防，很快陷入浴血苦战之中。公孙喜见大势已去，遂率军且战且退，朝着韩军营寨奔去。

　　就在魏军大败亏输的同时，另一边韩国的军队则忍受着极端恶劣的天气，因为当时天正下着雨，这对于当时通信条件极差的作战军队而言，守军一方的弊端更为明显。这个时候韩军终于发现，秦国军队竟然正在偷袭魏国的军队。然而，韩军不敢贸然出兵，一来不知道围困自己的秦军有多少。二来暴鸢尚在疑虑，前番秦军和公孙喜的通信是否是事实。如果是，这次会不会是诱敌深入的计策？三来秦军和魏军的作战人数相当，甚至魏军要略胜一筹，孰胜孰败还未可知。

　　于是暴鸢便直接站到了秦军与魏军的中间，以隔岸观火的姿态坐视秦军攻击魏军。

　　可是没过多久，暴鸢便发现，自己彻底地错了。原本他预料魏国军队再怎么不济，也可以支持十天半个月，到时他再火速出击，定然能够坐收渔翁之利。可是当他还尚未弄清楚关外有多少秦军之时，公孙喜的败军就如浪潮一般席卷而来，直奔暴鸢的韩军军营。

　　就在暴鸢犹豫要不要放魏军入关之时，魏军已经蜂拥而入。一时之间，双方两军相互交叉，乱作一团。原来设置的各种阵势，此刻没有了任何作用，而且那些强弓硬弩刹那间也失去了作用，因为前面来的是自己的盟军。

　　秦军等的就是这个时机。趁着敌人还没有喘过气来，秦军暂时放下魏军，以迅雷不及掩耳之势杀向了韩军。白起认为此时魏军军心已乱，唯一可虑的就只剩下了韩军。

　　刹那间，有两个人都在感叹。一个人是暴鸢，感叹魏军竟然败得如此之快，秦军竟然来得恰是时候；另一个人是公孙喜，感叹白起为将，深谙兵法之道，有神鬼莫测之机，果然厉害非凡。

　　眼看秦军人人杀得兴起，韩军只能眼看着敌军如入无人之境，韩军大势已去，再做抵抗，不过是无谓的牺牲。所以暴鸢决定与其被敌人屠戮，不如回到偃师再做计较。当时魏国和韩国联军，还剩下十多万人马。但白起不会放过如此大好良机，他在战争中的一贯作风是，不在于一城一地的得失，而在于消灭敌人的有生力量。所以为了尽快地追杀敌人，白起直接命令军队脱了笨重的铠甲上衣，粮草辎重一律弃之不顾，只带着杀人的刀剑和获取头颅的腰带就成。

一时之间，从阙与到偃师的数百里地界上，满是韩、魏两国的败退之兵，他们的后面是让人闻风丧胆的秦军。秦军此时竟然在滂沱大雨之中光着膀子行进，这让一向自诩作战英勇闻名的三晋之地的男儿，被秦军的野蛮吓破了胆。韩魏联军更加溃不成军。

韩魏联军眼见跑在后面的军队一片片倒下，这样下去终究不是办法，秦军会将他们一步步斩杀殆尽。所以他们也学着秦军，脱掉上衣和盔甲，丢弃笨重的战车、粮草辎重，最后轻装上阵，飞一般地亡命奔驰。

昔日吴起在世时，因创建了魏武卒而无敌于天下。魏武卒素来以作战迅速、来去如风而闻名，也以铁甲战车作战能力极强而笑傲天下。没想到这时候，魏军竟然为了逃命，将这些曾经保命的手段一一丢弃了。吴起若是泉下有知，不知作何感想。

韩魏两军认为他们既然丢弃了一切可以丢掉的东西，和秦军比逃跑的速度定然不会弱于他们。岂料那时大雨一直下着，河水暴涨，韩魏联军眼见着数丈之隔的对岸，却无法过去。

这条河的名字叫伊水，伊水无罪，韩国士兵却遭了殃。24万名韩国士兵的头颅被秦军摘取，只剩下身躯沿着河水浮沉。刹那间，血流成河。

白起接着乘胜追击，他的十万大军几乎没有多少损伤，在斩获了敌军头颅24万颗之后，也在沿途缴获了大量敌军丢弃的战略物资。利用这些物资，白起率领十万大军，马不停蹄地向韩国和魏国的城池中杀去。虽然白起不在乎一城一地的得失，但是战争的最后结果和最高目的，还是为了获取土地和资源。

秦军一路所向无敌，顺利将敌人的5座城池收入囊中，一时之间，白起之名让世人侧目。

阙与之战，韩、魏两国损失了三分之一的精锐部队以及5座城池，伊阙也被秦军占领。至此，韩国和魏国门户大开，他们时刻为自己国家的命运担心。

自秦立国以来，一直被魏国为首的其他国家压制在函谷关一带，直到大将司马错占领了蜀中，秦军才得以打通了另一个入主中原的通道。此番白起之功，比之司马错，实在是有过之而无不及。他只用了区区十万兵力，而且不是秦军的主力。这不仅让宣太后和魏冉欣喜不已，也让秦昭襄王刮目相看，更让天下人认识到秦国又出了一位绝世名将，列国危矣。

由于白起之功甚巨，无论是宣太后一方还是秦昭襄王一方，都认为白起是个可造之才，可堪大用。于是，秦国特将其封为"国尉"。自此，白起实际上已经成为秦军的最高统帅。一个没落的贵族，从小兵做起，在短短一二十年的时间内，便成长为一个举世瞩目的秦军统帅，是战国时代绝无仅有的。正是因为商鞅变法的军功爵位制度，才让白起受益，让秦国强盛。

白起在阙与之战中一战成名，秦昭襄王决定，与其宫闱相争让秦国内乱不止；不如让白起放手一搏，让秦国逐渐强大，将东方六国打得一蹶不振。

此时的白起，一心为自己立战功，为秦国卖力。于是在数月之间，白起就渡过了黄河，攻取了安邑（今山西夏县）以东的大片韩、魏土地。

白起再次加官晋爵，做了昔日商鞅的位置——大良造。大良造可享受赐邑300家，赐税300家，秦军功爵二十级，白起已经到了第十六级。离魏冉所拥有的侯爵之位，也只有一步之遥。

第二章

长平之战，战国大局斗转星移

长平，长平

公元前262年，秦昭襄王派大将白起向韩国进攻，切断了上党郡（今山西长治）和韩都的联系。在形势危急之下，上党的韩军将领打发使者去赵国请降。赵孝成王派军队接收了上党。过了两年，秦国又派王龁（带兵把上党团团围住。

赵孝成王得知消息，连忙派廉颇率领20多万大军前去援救上党。他们到长平（今山西高平县西北）时，听说上党已经落入秦军之手。

王龁转而进军长平。廉颇连忙叫兵士们修筑堡垒，坚守阵地准备作长期抵抗的打算。王龁无计可施，只好派人回报秦昭襄王。

秦昭襄王请范雎出主意。范雎说："要打败赵国，必须把廉颇调开。"他沉思了一会儿，想出了一条计策。

过了几天，赵孝成王听到左右纷纷议论，说："秦国就是怕让年轻有为的赵括带兵；廉颇老了不中用了，眼看就快投降啦！"

他们所说的赵括，是赵国名将赵奢的儿子。赵括自幼爱学兵法，谈起用兵之道，口若悬河，自以为天下无敌，不把任何人放在眼里。

赵王听信了左右的议论，叫人把赵括找来，问他能不能打败秦军。

赵括说："王龁没有什么了不起的，要是换上我，打败他轻而易举。"赵王听了很高兴，就拜赵括为大将，去接替廉颇。赵括母亲也给赵王上了一道奏章，不赞成赵王派他儿子去换廉颇。

赵王把她召了来，问她什么原因。赵母说："他父亲临终时再三嘱咐我说，'赵括这孩子把用兵打仗看作儿戏似的，派不上用场。将来大王不用他还好，如果用他为大将的话，只怕赵军断送在他手里。'"赵王说："你不要管了，我已经决定了。"

赵括替换廉颇的消息传到秦国，范雎就秘密派白起代替王龁为上将军，去指挥秦军。赵括上任后，改变了固守防御战略，让大小将领大为不满。接着他制定了进攻方案，传令准备出击。

公元前260年八月，赵括率赵军主力出城进攻秦军。两军稍事交锋后，白起带兵假装后撤，诱敌深入。赵括误认为秦军害怕了，便挥师紧追。当赵军追到长壁后，预伏在这里的秦军主力精锐迎面扑来。赵军渐渐抵挡不住，并被秦军全部包围。

战争到了这个关口，双方大军都已经绷紧了神经。尤其是赵军，四十五万人马在生死线上垂死挣扎，他们的心理已经扭曲而疯狂；他们的心情无比沉闷和压抑；他们的血性在血腥中一次次喷发，让敌人感到肝胆俱裂。从七月末到九月初的46天艰苦卓绝的时间里，赵军没有一天放弃过进攻，双方都损失惨重，赵军二十五万人马从此长埋地下，秦军近二十万人马也因此梦断黄泉。

赵军把所用的士气都用尽了，剩下的只有绝望的呼喊；赵军把所用的军粮都吃光了，河谷鱼虾草木也早就如同秋风扫落叶一般被一扫而空，剩下的只能是活人吃死人。

由此可见，赵军之顽强，实在是非同一般；也可见这赵括不愧为马服子的称号，其勇悍一点也不逊于其父亲。只可惜他骄傲轻敌，在一开始就用错了战略。更加可惜的是，他也许正确的战略，竟然用到了错误的对手身上。白起知道，此子今日不除，日后自己一死，秦国或许就没人可以抗衡他了。赵括的卓著才能，也为他招来了杀身之祸。

赵括也知道，自己此次可谓九死一生。只要能够冲出去，则大军可活、自己可活，甚至整个战争棋局，也可以扭转。于是，赵括决定做最后的困兽之斗。他知道，为将领者，死在马背上、死在战场上，是一种无上的荣耀。

最后一次冲锋，赵括将剩下的赵军分为了四队。其中一队人马由赵括自己亲自带领。这一次，赵括站在主帅的战车上，向敌人呼啸而去，身边无数的赵军如同潮水一般向前涌去，他们所希望的，只是最基本的生存。

然而，迎接他们的，不是生命的曙光，而是死亡的阴霾。在秦军营垒中，早已严阵以待：最前面的，是盾牌兵，紧随其后的，是三排秦国最强劲的弓弩兵。蜂拥前来的赵军不敌三排弓弩兵那如雨般的轮番射击，纷纷倒下。前面的倒下了，后面的顶上去。不知这前仆后继的壮烈场景持续了多久，留下的只有漫天的箭矢和堆积如山的尸体了。

然而，赵军对这一切都已经不在乎了，不是你死就是我亡，没有第三种选择。很快，踏着同伴的尸体，赵军冲到了秦军营垒的百步之内，与秦军短兵相接了。

秦军的戟长达2.8米，铍长达3.5米，矛则有7米之长。作战时，持有不同兵器的士兵分工配合，互相保护，冲击力与防护力都无懈可击。赵兵虽然个个勇猛作战，但面对如此可怕的战争机器，还是伤亡惨重。多日的饥饿和困顿，让赵军的战斗力下降了不知道多少，仅剩的血性和悍勇，也在秦军的无情绞杀下，化作一缕青烟飘向幽冥鬼府。

秦军这时候也彻底被震撼了，他们从来没有见过这样一支顽强的队伍。换作是其他国家的军队，早就弃械投降了。能够在没有任何兵马粮草支援的围困下苦撑46天之后，还能向秦军发起进攻并给秦军造成巨大伤害的恐怕也只有赵军了吧。面对赵军的疯狂举动，许多秦军甚至想到了放弃。

然而此时，上天将眷顾抛向了秦军。这时候，秦军的轻骑兵和车战部队剿灭了冯亭上党军后挥师攻来，将胜利的天平狠狠地压向了秦军。只听闻刹那之间，闷雷般的蹄声响起，大地开始晃动；继而看见在赵军的两翼，黑压压的轻骑兵与车战部队迅速地席卷而来，车如疾风，马如闪电。漫天的黄土被卷了起来，整个战场都被那一方黄云所遮掩，仿佛是不让老天看到，他的这些子民们，是如何的残忍、残酷、惨绝人寰。

秦军的骑兵先战车一步，率先来到赵军的百步之内，端出了弩机，疯狂地射击那些猝不及防的赵军。很快，数千人马就这样永久地倒在了血泊之中。紧接着，战车杀到。战车上的秦军借助战车的速度，用锋利的长矛快速地刺穿赵军的甲胄，来不及拔出便转向下一个目标；骑兵们也已将生死置之度外，拔出了刀剑疯狂地冲击赵军军阵。果然，赵军乱作一团，士兵们纷纷开始溃逃。但是只要赵括还活着，他们的心中就存有一丝能够创造奇迹的机会。

面对赵军的节节败退，白起自是高兴无比。但他现在一心想要的，只有赵括的性命。随着一支锋利的羽箭迅速地划破长空，赵括重重地倒在地上，同时重重摔在地上的还有赵军众兵士的心。

赵括不甘心，只要再多给他一次机会，自己就可以成为一代名将。可惜，他第一次独自领军出征就被白起扼杀在了摇篮之中，一个年轻而充满梦想的生命就此化作一缕青烟，留在史简中的只有四个耻辱的大字——纸上谈兵。

一切都被淹没在这无尽的悲哀中，战争也在赵括倒下的那一瞬间被定格，长平大战的大幕也就这样徐徐落下。

白起告诉群龙无首的赵军，只要缴械投降，秦军可保全其性命。于是，已筋疲力尽的他们放下了自己手中仅有的武器。

白起站在充满血腥的战场上，仰天长啸，他赢得了这一巅峰之战。无论敌军死亡了多少，白起都冷酷面对，他知道在战场上不是你死就是我亡，适者生存才是正道。为了秦国的未来，他还要做最后一件事情——坑杀。

成者为王，败者寇

苍山如海，残阳如血。

加上上党军和赵括的军队，被秦军俘虏的赵军总数达到四十万。

成者为王败者寇。胜利的一方自然耀武扬威，秦军从统帅到小兵，都沉浸在胜利的喜悦当中，以喝酒吃肉来庆贺这场伟大的胜利。为了这场得之不易的胜利，秦军付出了巨大的人力、财力、物力，前后数十万人马丧身黄泉。

　　失败的一方在哀叹失败的同时，也在心中暗暗庆幸自己能够在这场绞肉机式的战争中存活下来。秦昭襄王和白起都在军营中饮酒，对这一切不禁唏嘘感叹。昔日二人都立下了天下之志，眼看如今大事可期，二人却都已经是两鬓斑白。时不我与，不知道这二人还能不能等到天下一统的那一天。

　　白起在这期间，已经向秦王说了自己一统天下的战略规划，如今赵国已经被秦军彻底地打败，天下之大，莫能与之敌者。秦国的当务之急，就是首先灭掉赵国，与此同时，快速恢复秦国的国力，继而展开一系列灭国大战。首先锁定的自然是韩国和魏国，三晋之地一旦平定，则定鼎天下便是轻而易举。最后把其余三个国家分开，并各个击破：稳住齐国后，先攻燕国，再除楚国，最后攻打齐国，如此一来，则天下定矣。

　　武安君将自己的计划一说出，秦昭襄王拍案叫绝，这正和他与范雎所商量的战略不谋而合。想当年，自己还只能以质子的身份寄人篱下，如今山河倒转，自己竟然有实力君临天下，世事变化之无常，实在是让人感叹。

　　秦昭襄王知道，自己这一生能取得如此成就，多亏了三个人，一个是宣太后，将自己扶上了秦王的位置，并为秦国打下了坚实的基础；一个是范雎，没有他和他"远交近攻"的战略，秦国不可能在列国舞台上如此游刃有余；最后一个人自然就是白起，没有他，秦军何以无敌于天下，何以打败强大的赵军？

　　赵军惨败，留下了四十余万的俘虏，如何安置这些俘虏，成了摆在秦国面前的一道难题。

　　白起知道，眼下的赵军的四十万俘虏，每日消耗的军粮就让秦国力不从心了。长平之战几乎掏空了秦国的存粮,到如今秦军自己的粮草供给都已经十分紧张,很快就会有缺粮的危险。除此之外,赵国军卒还是个未知的隐患,是个随时可能爆炸的炸弹。留在军营里面肯定行不通,迁到秦国土地充斥其民,很可能导致相互仇杀和战乱,甚至有人还有可能暗自和赵国私通。如果放回赵国,只要赵王振臂一呼,他们必定能够被重新招募起来,三年长平大战秦军死伤过半,足以窥见赵军战力之强悍,如果他们再次被招募起来,必定知耻而后勇,成为秦军的心腹之患。

事情考虑到这里,众人心里明白,只有一种方法,才能够使秦国永绝后患,那就是——杀。

秦昭襄王虽然杀伐果断,但是从来没有想到,自己会屠杀四十万手无寸铁的俘虏。这种事情一旦做下,虽然能够极大地震慑敌人,但也无疑会留下千古骂名。于是,秦昭襄王没有知会白起,便回到秦国了。行前还留下口谕,让白起便宜行事,全权处理长平的战俘问题。

王龁茫然了,王翦也迷茫了,司马梗也心悸了。他们知道秦国的选择,就是杀掉战俘;也知道,秦昭襄王是不愿意背负这个骂名的。既然这场战争是白起最先开始的,那么这个结束,也让白起来完成吧。反正经过多年的大战,白起已经双手血腥,杀一个人是杀,杀一万人还是杀,白起不在乎,只要有利于秦国的事情,他就是背负千古骂名,也在所不惜了。

当时的人对于杀害投降俘虏的事情,都很忌讳。秦昭襄王本人更是不能背负这个坏名声而引起天下人的公愤,司马梗、王龁、王翦都是有血性的男子,都想着能够帮助白起分担罪责,但是白起不需要,因为他是统帅,是秦军之中谁也无法逾越的人。

其实,下决心杀害四十万赵军已然艰难无比,但是还有更加艰难的事情摆在后面,那就是如何动手。要知道,那可是整整四十万人马,就是一个个站在那里任秦军砍杀,也不知何年何月才能够杀完。若是在动手之前被他们察觉而有所防备并奋起反抗,秦军大营必定会乱作一团。

于是，白起下令，趁着赵军还没有丝毫防备，将他们驱赶到阳谷方向。而在此之前，秦军还从这些俘虏当中，找出240个不满14岁的人。他们是幸运的，因为白起决定不杀他们；但是他们也是不幸的，白起为了震慑赵国，决定让他们观看秦军屠杀赵国俘虏的全部过程。

于是，秦军将40万名赵国俘虏分为10个大营，让10个将领分别统领，同时还调拨了20万名秦军负责维持治安。白起为了不引起俘虏的怀疑，还下达了一份假的诏令，让他们准备好明日接受秦军的选拔，凡是合格的人，都会被充到秦军的军营当中，不合格的人，都会给予路费，遣返回到赵国。赵军俘虏深以为然，以为白起是大仁大义之人，却不知这份假的诏令背后隐藏了巨大的杀机，他们不知道等待自己的将是地底无尽的黑夜。

这夜，注定是不平凡的一夜，山风呼号，如同地狱的召唤；野地浮动，恰似生命的传说。秦军将10个大营的俘虏集中驱赶到了一个山谷，继而分兵堵住谷口，再将无数的山石和点燃的木柴从两侧的山崖上一股脑地砸将下来，直到这时候，赵军俘虏还以为今晚可以美餐一顿，然后美美地睡上一觉。可惜，等待他们的却是如暴雨般砸来的山石和火种。此时，赵军饿得一点力气都没有，根本无力反抗，大部分要么被柴火烧成焦尸，要么被山石砸破脑袋，甚至被巨石整个儿地从身上碾过去，变成一摊肉饼，偶尔有几个强壮些挣扎着爬到山上的赵卒，也迅速被山顶的秦军杀死，并扔回山谷之中。

整整一个晚上，秦军数十万大军都如同疯子一般杀红了眼，黑夜见证了人性的丑恶。第二天，天空忽然飘下了瓢泼大雨，似乎是对数十万亡灵的沉痛哀悼。但愿死者安息，但愿那一切鲜血和罪恶，能够被冲洗，能够被原谅。

40万具无头的残尸，没有人去掩埋。此后方圆百里之内，无论人畜都不敢有丝毫逾越和靠近。在那里，常常听见有人哭泣，或许是那些孤魂野鬼为无家可归而伤感，或许是那些春闺梦里人在绝望之后的哀号。

　　直到唐开元十一年（723年），唐玄宗李隆基巡幸至此，还能够看见漫山遍野白骨森森的景象。为了安抚他们的亡魂，唐玄宗亲自致祭，命高僧设水陆法事七昼夜，超度坑卒亡魂，并将该谷命名为"省冤谷"。

第六卷
天下一统，成王败寇谁与争锋

第一章

人才济济，日渐崛起

秦国，李斯的选择

李斯原本是楚国上蔡（今河南上蔡西南）人，年轻时候做过楚国的一员小吏，专门负责掌管文书，每日过着重复且无聊的日子。在这样的大争之世，做一个籍籍无名的人，并不是李斯所想要的。

而眼下楚国早已经是日薄西山，李斯即使有万般才华，也不知道该如何施展。这么多年，李斯都觉得自己时光虚度，胸中无韬略，袖里无乾坤，这样的人到了任何一个国家都会碌碌无为。只有首先丰富自己，加大自己的筹码，才能够在其他国家中施展抱负。

为了实现厚积的志向，李斯来到了荀卿这里，向他学习"帝王之术"。

荀卿原本是赵国人，他来到齐国的稷下学宫。从如云的高手之中最终脱颖而出，成为名重一时的人物，可谓大器晚成。到了齐襄王时期，学宫不在，稷下冷清，曾经和荀卿一起的那些风云人物们，都已经淹没在历史的风尘之中。只有荀卿依旧如日中天，功名显赫，地位尊崇，桃李满天下。

可是最终荀卿还是受到了奸人的陷害，黯然离开了给予他无限光荣和尊贵的齐国，来到了楚国，在春申君的帮助下，做了兰陵（今山东苍山西南兰陵镇）令。可是荀卿不甘心，不是因为其仕途的暗淡，而是自己的一腔学识竟然没有遇到真正的得意弟子，在其有生之年，如果得遇一名门生，能够继承其衣钵，荀卿便觉得自己死而无憾了。

而正在这时候，李斯满怀希望求学而来。不久之后，韩非也意气风发地来到了荀卿的面前，荀卿正愁自己后继无人，遂全心全意地教授他们，加之这二人都天资聪颖，很快便成了荀卿的得意门生。

这不禁让人心生疑虑，荀卿可是儒学大师，其旗号可是孔孟之道，而孔孟之道推行的是仁政、礼治，如何能够在充满奸诈和征伐的战国之世，成就君王天下事，赢得生前身后名呢？

其实，荀卿和孟子并不是简单的继承和发扬光大的关系，他一改过去孔孟之道空谈政治理想的弊端，从当时的政治局势出发，打破常规，对传统的儒学进行了改造，使之更加适合社会的发展和新兴地主阶级统治集团的需要，并且广泛地吸收了法家的治国主张，主要涉及如何治理国家、平定天下的"帝王之术"。

正好，李斯和韩非满怀着出人头地、飞黄腾达的理想，到此学习治国之道。只是，荀卿还没有将自己的学问全部传授给自己的这两个得意门生，这两个人便想要离开自己去谋取前程了。

韩非倒是很容易确定自己要投效的国家，那就是韩国，只是荀卿担心，韩国早已一蹶不振、江河日下，韩非要想到韩国之后力挽狂澜，实在是难比登天。将来韩国无救，韩非将如何自处？

李斯经过艰难的选择，最终确定了自己前去投效的方向——秦国。因为他深刻地认识到，当今天下虽然尚且存有七个雄霸一时的国家，但是最终能够一统天下的只有秦国。

军事上，长平一战过后，赵国便无力和秦国大军争锋；国力上，齐国虽然强盛，却不复当年稷下学宫兴盛之时的繁荣，君王无能，军事颓废，自乐毅攻伐齐国之后，便只能安居一隅，无力争夺天下。

其他国家更是不值一哂，甚至自己的师弟韩非所去的韩国，也终免不了败亡的下场，他不知道韩非此去是福是祸，唯一可以确定的是自己和韩非相生相克，定然不能去一个国家。一山不容二虎，到时候二虎相争必有一伤。

昔日荀卿也到过秦国，只可惜秦国并没有接受他的政治主张。他很奇怪李斯为何会选择去秦国。李斯回答道："先生有句名言：青，取之于蓝而青于蓝；冰，水为之而寒于水。先生当年到达秦国，秦王之所以没有接受先生的政治主张，无外乎先生的主张并不适合当时的秦国。如今世易时移，加之学生对先生的学术进行了改进和创新，相信到了秦国，必然能够大展拳脚。师弟韩非曾经说过：纵观天下，四海之内唯独秦国能够成就千古帝王的不拔之基业，虽然七国争雄，其余六国却弱了不止一筹。今日学生既然学有所成，就必定要抓住机会，在天下间纵横捭阖。"

说到这里，李斯略微感慨，继续言道："昔日学生看到两只老鼠，一只蜗居在茅厕之中，吃着肮脏恶臭的人粪，还时刻胆战心惊，害怕被活着的动物发觉；另一只则居住在安逸的粮仓之中，每日锦衣玉食，无人打扰，过着鼠上鼠的生活。这种对比和落差，让学生想到了自己眼下的处境和那些成就功名大业的人之间的差距，人生最耻辱的事情莫过于卑贱，最大的悲哀莫过于穷困，学生自然不会甘心一直籍籍无名、碌碌无为，因为学生担心，如果一直卑贱和穷困下去，就必定遭受别人的冷嘲热讽。处在这种大争之世，我辈既然有满腹的才华，就必须一展所长，继而名利双收，这才是做读书人应该做的事情，因此，学生要去秦国，以实现自己追名逐利的理想，望祈先生成全。"（《史记·李斯列传》）

荀卿闻言，没有说什么，只是在他的眼中，明显地露出很复杂的表情，或者是不舍得，或者是不甘心，或者是在担心，李斯此去不知道是福是祸。

而此刻的李斯，眼里只有功名利禄、辉煌前程，哪里看得到荀卿的良苦用心呢？怀揣着对未来的美好向往，李斯兴奋地踏上了去秦国的征程。

城门失火，殃及池鱼

李斯踌躇满志地来到咸阳，本以为自己会有一番奇遇，和当初的范雎、蔡泽等人一样，只要能够见到秦王，就能够一飞冲天，一鸣惊人。

只可惜，现实总是比想象要残酷，李斯费尽了心思，却一直没有见到秦王。而且不久之后，秦王便一命呜呼，嬴政即位，年仅13岁，由丞相吕不韦辅政。他既不能像范雎一般，有人为之引荐；也不能如蔡泽一样，依靠三寸不烂之舌将吕不韦说下台，让自己取而代之，因为此时的吕不韦正如日中天，怎么可能急流勇退呢？

于是，李斯只能退而求其次，找到了吕不韦。

当然，吕不韦可不同于信陵君，不管你是什么身份，有没有能力，都直接纳为自己的门客。在李斯登门拜访之后，吕不韦对其进行了一番考问。具体内容大致是问李斯如何会到他这里来，过去师从何门，学了什么治国之道，将来在秦国将如何作为。李斯对吕不韦的问话很重视，于是将自己胸中的韬略略微陈述了一番。当然，在此之前李斯也考虑到吕不韦会不会妒忌他的才能，可是等到李斯受到吕不韦的器重之后，李斯才发觉自己以小人之心度君子之腹了。

让吕不韦万万没有想到的是，秦王竟然和他舍下的这位门客完美地结合了。当吕不韦意识到这件事情的时候，自己的权力已经在神不知鬼不觉中，被秦王和李斯转移和消化了。

其实，李斯受到了吕不韦的重用之后，便等于得到了一张觐见秦王政的通行证，李斯也由此可以向秦王纵论天下，为其出谋划策。

所以在获取了独立觐见秦王的机会之后，李斯当机立断，向秦王政鼓吹自己的政论："机不可失，失不再来，古之成大事者，不但需要超世的才华、坚忍不拔的意志，更需要把握时机的独到眼光。昔日的秦穆公是何等的英雄盖世，可是最终还是没有完成一统天下的宏伟蓝图，原因就是时机尚且不成熟，周王室和周王余威尚存，人心未丧。同时天下群雄逐鹿，诸侯并起，天下分裂割据，形成了秦穆公、齐桓公、晋文公、宋襄公以及楚庄王五位霸主，各国东西对峙、南北不容，没有一个国家有实力一统天下。而如今的天下局势，已经发生了巨大的改变，自秦孝公之始，'商君佐之，内立法度，务耕织，修守战之具，于是秦人拱手而取西河之外'，自此，秦国历经了六代君王，人人卧薪尝胆，苦心孤诣，励精图治，终于形成了今日虎踞龙盘、掌控天下的局面，六国无不唯秦国马首是瞻，这就是秦国的机遇。如此千载难逢的机会，秦王万不可以错过，正好可以趁着六国羸弱，周王室灭亡，一举完成统一大业，依照目前秦国的强盛，要问鼎天下还不是和散出灶台上的灰尘一般易如反掌，秦国此时不动，更待何时？"

这次会面虽然时间很短，秦王政甚至都没有和李斯促膝长谈的机会。但是通过李斯的言论，秦王仿佛已经看到了不久之后强大的秦国，变成天下唯一的秦朝，秦王成为天下共主的美好局面。兴奋之余，将李斯封为长史。

李斯并不满足于这样的官职，于是李斯抓住机会，向秦王政再次进言："天下诸侯所以并立，就是因为人才分散，各自忠心自己的国家，如此国家才乱而分裂。秦国要实现一统天下的宏图伟愿，就必须广泛地结交四方的宾客名士，愿意和秦国交好，为秦国服务的人，秦国就要投桃报李，赠给他们丰厚的礼物。反之，如果有不愿意侍奉秦国而又有才能的人，秦国就必须派遣大量的刺客将之诛除，以此来根除六国存在的根基。而秦国就可以大肆利用那些存活下来的人，让他们的君王昏聩无能，继而派遣大军征伐，如此，天下可定。"

这一次，秦王政再次被李斯的言论打动，无疑，李斯进一步规划了秦国一统天下的具体措施，秦王遂加封李斯为客卿，主要为秦国研究具体的统一天下的计策。

君臣之间，终于达成了理想目标和政策措施的共识，李斯甚至还为秦王制定了先灭掉韩国，以震慑其他国家，最后定鼎天下的战略。只是理想和现实，总是会存在着巨大的差距的。就在秦王下定决心准备一统天下的时候，秦国后宫之中，吕不韦和太后赵姬之间的情事东窗事发，东方六国特别是赵国，隐约中有复苏的迹象。更让人担忧的是，一个人的到来明显地延缓了秦国攻灭六国的时间，这个人就是郑国。

郑国是韩国人，具体的生卒年不详，是战国时期著名的水利学家，在当时被称为水工。此次赴秦，是因为韩国听闻秦国有灭除韩国的计划，产生了阻止秦国侵略、削弱秦国国力，使其无力东征的图谋，韩国遂派遣郑国前来秦国游说。

郑国到了秦国之后，立马建议秦王引泾水——泾水即泾河，发源地在今天的宁夏回族自治区泾源县，流经了宁夏、甘肃和陕西三省区；与渭河在陕西省高陵县陈家滩汇合，泾河水清澈、渭河水浑浊，是故有"泾渭分明"之说。东注北洛水为渠，从而使关中肥沃。秦王欣然采纳了郑国的建议，并命他为主持修渠工程的指挥官。

郑国肩负国家使命，同时对于自己的作品也是用尽了全力，只是两者不能两全，于是，郑国经常陷入矛盾的心理之中。经历了一番痛苦的思想斗争之后，郑国最终决定，为了自己的国家，可以效死力，但是自己的作品，也一定要全力以赴，如此才能够无愧于心。

然而，不久之后，秦国便发现了韩国和郑国的图谋，遂罢黜了郑国的官职，并意图杀了郑国。郑国无所畏惧，为国为民，死不足惜，只是他的杰作还没完成，毕生最大的愿望还没有实现，怎么甘心就这样离开人世间呢？于是，郑国向秦王政申诉，说自己非但无罪反而有功。

秦王问他，为何会那么说？

郑国直言不讳地说，当初自己来到秦国，的确是作为一个间谍，为削弱秦国而来。可是秦王只知其一不知其二，虽然这一工程在很大程度上耗损了秦国的国力，延缓了秦国攻灭六国的步伐，却给秦国留下了万世不拔的根基。有了这项工程，秦国的千秋万世都会得到它的好处，秦国恰好利用此段时间，积蓄力量，厚积薄发。自己死不足惜，如此宏伟的工程没有完成，才是自己、是秦王、是秦国也是后世千秋万代的遗憾，因此，郑国请求秦王能够让他把工程完成。

秦王很欣赏郑国的坦诚,也深刻地明白,秦国自长平之战以后,对东方六国的战事,进展并不是很大,恰好可以利用这段时间厉兵秣马,以待时变,遂答应了郑国的请求。

秦王不知道,自己此时看似一个微不足道的决定,最终竟然诞生了历史上功垂千秋的伟大作品——郑国渠。

郑国渠从秦王政元年(公元前246年)开始修建,历时10年有余方才全部完成,耗费了大量的人力物力财力。但是其功用也是奥妙无穷的。它从仲山(今陕西泾阳西北)出发,引经河水向西到瓠口作为渠口,利用西北微高、东南略低的地形,沿北山南麓引水向东伸展,注入北洛水,全长300多里。据郦道元的《水经注·沮水》记载,郑国渠大致流经今天泾阳、高陵、富平、三原、蒲城等县。灌溉面积达4万多公顷,使每亩土地增产到一钟(六石四斗),可谓泽被万民。所以《史记·河渠书》说道:"于是关中为沃野,无凶年,秦以富强,卒并诸侯,因命曰郑国渠。"秦以后,此渠灌溉范围虽有缩小,但历代不绝,至今仍然灌溉着关中地区的许多土地。正应了当地的一句名言:郑国千秋业,百世功在农。

然而,郑国虽然得到了秦王的谅解,其他客卿却遭受了池鱼之殃。在郑国事件爆发之后,秦国朝堂可谓风声鹤唳、草木皆兵,群臣中甚至还有人向秦王谏言道:"目前有大量的外来宾客士人,大多数不怀好意,为了自己国家的利益,不惜以身试法,来秦国搞破坏活动,唯今之计,只有防微杜渐,把他们都驱逐出国家,才能够免除秦国遭受威胁。"

秦王以为有理,遂下了逐客令,李斯虽然贵为客卿,也在被逐出的名单之列。李斯自然不甘心就这样离开秦国,遂向秦王写了一封信,陈述逐客令的弊端和不分国界寻求有才之士的必要性,这就是著名的《谏逐客书》。

不想离开你

其实，李斯要成功地说服秦王，实在不是一件容易的事情。首先，李斯也在秦王下令逐出的名单之列，没有充分的证据能够证明，自己是清白之身，这种尴尬的身份让李斯有口难辩。其次，秦王这个人可不是易与之辈，李斯必须把握好尺度，与虎谋皮必须措辞严谨，不然就必定费力不讨好。最后，郑国渠事件对于秦国上下影响深厚，要消除影响可不是一朝一夕的事情。

可是李斯满怀希望而来，壮志未酬，自然不甘心就此离开秦国，即使其他国家给予他更为丰厚的待遇，却难以给予他如同秦国这样强大国家的机遇。于是，李斯只能冒死进谏，上书直言。李斯上书说：

"臣今日听闻，秦国上下、大小官员，无不焦躁不安，认为客卿对国家有害，认为他们都一心为了自己的国家而做了间谍，前来损害秦国的利益。臣不才，窃以为这种想法实在是滑天下之大稽。

"遥想穆公当年，是何等的英雄气概，威霸天下，是何等的爱惜人才，懂得不拘一格地任用有才之士。穆公为了强大秦国，使秦国的根基得以不断地巩固，遂遍访西戎，终得由余；上下宛地，竟得百里奚；迎接蹇叔于宋国，求取丕豹于晋国，搜求公孙支，从晋国投效秦国。

"这五个人有一个共同之处，那就是全部来自外国，穆公毫不避讳地任用他们，使西戎20多个部落得以归附秦国，秦国得以立下根基，称霸西北。穆公一跃而成春秋五霸之一。

"自三家分晋以来。魏国和齐国先后强大起来，眼看秦国就要落后于东方诸国，河西之地也落入魏国手中，对外用兵总是丧师失地，老秦人私斗成风，国家颓废不前。恰在这时候，秦孝公的出现挽救了秦国。他力排众议，慧眼独具，放手让魏国一个失意落魄的书生商鞅在秦国变法，在商鞅的改革下，秦国得以移风易俗，百姓得以富裕兴盛，国家得以富强繁荣，秦国借此一跃而成天下雄国，居高地而虎视中原，控兵弦而问鼎天下。先攻伐楚国，俘虏了他们的军队；后攻伐魏国，夺取了他们的城池。秦国得以开疆拓土，秦军也借此大展神威；国家强盛，百姓殷实，天下垂首待命。

"商君虽死，其政策却得以在秦国继续沿用，历代秦王都尊奉以法治国的惯例，历代秦民都知晓秦国律令的严厉；历代秦臣都明晰自己的权责。如此，秦国才得以千秋万代，保持强势。

"秦孝公驾崩，惠文王得以坐拥秦国天下，向四方搜求人才，一个人的出现让秦国更加强盛，这个人就是张仪。惠文王用其计策，西并巴蜀，攻取三川；北获上郡，魏国顿首；南占汉中，包举蛮夷，连楚国的国都鄢、郢都掌控在秦国的手中，楚国的国王也成为秦国笼中的小鸟困兽；秦军继而向东方迈进，占据险地成皋，割据富庶之地，让秦国得以休养生息。六国合纵就此解散，列国纷纷向西方的秦国俯首称臣。

"这种情况一直延续到了今天，一直未曾改变。其他秦王英明神武，臣在此就不赘述了，单单说秦昭襄王，就不拘一格、毫不犹豫地任用了从魏国得以死里逃生的丞相。除此以外，昭襄王还运用了他的谋略和智慧，铁腕和铁血，将穰侯废黜、华阳君驱逐，大秦王国得以加强，私家弄权得以杜绝，多年之后，秦国侵占了列国的土地，打击了诸侯的兵势，秦国终成今日之辉煌，不拔之基业，固若金汤之地位。

"上述四位君王，无疑都是杀伐果断、英明无双、雄才大略之人，但是他们还需要依靠客卿的力量。由此而观之，客卿之于秦国，没有半点过失。试想，如果四位君王都和现在一样，将其他国家的客卿驱逐，将士子才人疏远，秦国怎么能够有现在这般的强盛和富裕呢？

"打个比方，如今大王，身怀昆山的宝玉，佩戴宝贵的随珠和璧，胸挂明月珠，腰佩太阿剑，座驾为纤离马，竖立着翠凤旗，敲击着鼍皮鼓。和客卿一样，他们之中大多都并非是秦国土生土长的，但是大王并没有因为它们来自外国而心怀不满，这是何种原因呢？

"按照现在群臣的观点，只要是来自其他诸侯国的客卿，都一律弃而不用并驱逐出秦国。那么大王是否也必须用秦国生出的产品，美丽的夜光璧不能装饰朝廷；精巧的犀牛角、象牙制的器物只能弃之不用，后宫之中切不可有郑、魏的美女，宫外的马棚也不能养駃騠好马，江南的金锡决然不可以作为秦国的器物，西蜀的丹青必须要丢弃或者退还。

"进一步说来，秦国有多少装饰后宫、娱乐心意、满足耳目的产品，都是来自其他国家和地区，难道秦国就这样将它们全部丢弃。如果是这样，嵌着宛珠的簪子，大王就应该扔了；配上珠玑的耳饰，王妃都应该丢了；用东阿丝织而成的衣服，大家都应该脱了；锦绣的修饰品也只能丢弃。就连那些化俗为雅、艳丽美好的赵国女子，也不应该让他们立在君王之侧。

"秦国的音乐才是正宗好听、赏心悦目的。大王应该多听听瓦瓮瓦器的敲打之声，原始的竹筝才是真正高雅的艺术，拍打着大腿，呜咽着哼唱才是秦国真正的音乐。而郑卫桑间的民间音乐，大王是绝对不能够听取的；韶虞武象的朝廷乐舞，大王是定然不会观看的，不是秦国的，怎么能够在秦国使用呢？

"可是秦国的现实并不是这样，君不见，秦国早就抛弃了传统的击瓮，转而去接近郑卫的音乐；也早就不用古老的弹筝，反而去听取韶虞的雅乐，这又是什么原因呢？无非是使秦国人更加心情舒畅、生活舒适。

"可是，反观秦国的用人之策，却与生活享受的物品恰恰相反，竟然不问功过、不闻是非，不论亲疏，不见曲直，只要不是秦国人，一律驱逐出境。这种政策让人感到匪夷所思，难道秦王的心中，只有那些用于享受享乐的美女、金银财宝、珠宝玉器、音乐舞蹈，而一点也不重视秦国的人民和秦国的前途、普天之下的能人？这种做法，怎么能够宾服诸侯、雄霸天下、囊括四海、包举宇内呢？

"臣以为，只有土地宽广而肥沃，国家的粮食才能够富实和充裕；只有国家人口众多，军队才能够保证数量，进而训练有素，作战骁勇。登上泰山何以能够小看天下呢？就是因为泰山能够不嫌弃一粒外来的泥土。黄河和大海怎么有那么雄壮和宽广呢？就是因为它们不会去摒弃外来的流水。君王何尝不是如此？只有广泛地接纳庶民百姓，才能够宣传他的德行和政策。

"由此而观之，不管土地是来自哪个方向，不论百姓来自哪个国家，四季风调雨顺，鬼神才能够降下福音，昔日三皇五帝之治天下，则天下大治；攻天下，则天下束手待命的原因，就是如此。

"可是眼下的秦国，却准备抛弃忠心于君王的百姓来帮助别的敌对国家；把宾客士人都辞退了，去其他诸侯国建功立业。如此作为，天下的士人可是看着的，叫他们怎么敢亲厚秦国呢？如此作为，和帮助盗贼，给予他们武器来盗取自己的粮食，又有什么两样呢？

"天下之大，无奇不有。多少珍贵的器物来自他国，秦国却可以将之看作自己的宝贝；多少美貌的少女来自诸侯国，秦国却可以将之看作自己的人而亲密无间。士子能人何尝不是如此，有的的确不是什么好人，来到秦国定然有着不可告人的秘密。但是大王怎么可以以偏概全呢？要知道大多数人都更加愿意效忠秦国的。如果秦国坚持这样的策略，驱逐四方的士子宾客，则敌国的实力定然大涨，敌国的百姓必定大增，秦国由此而日益虚弱，其他国家则借机不断富强，秦国更是得罪了天下人和四方诸侯。真的到了那个时候，谁能够保证，秦国不会面临灭顶之灾呢？

"臣不惴简陋，望请大王三思。"

秦王政自然也不是昏聩之辈，读罢李斯这篇才华横溢、激情捭阖的书信，不禁心怀大畅。秦国有了这等良才，何愁大事不成？

于是，秦王当机立断，取消了逐客令，李斯也借机平步青云，受到秦王更大的重用，做了主管刑法律令的廷尉。秦国更加注重招揽诸侯的贤才，重用列国客卿，这些人大多数怀有成就功名大业的志向，在功成名就的同时，也为秦国的统一大业做出了突出的贡献。如王翦、李斯、王崎、茅焦、王贲、李信、尉缭、王离等人，在秦始皇时代，从政治到经济，从文化到军事，都奠定了秦国强大的根基和稳固的伟业。

第二章

分久必合，天下归一

六国的末路

早在秦王政亲政之初，秦国灭亡六国、一统天下的内在和外在条件已经成熟。秦王拥着统一天下的决心和睥睨天下的实力，而且其野心也在日益膨胀。与之相比，六国的内部统治阶层则腐败无能，天灾人祸更导致人民的贫穷不断加剧。如此一来，秦国统一天下不再只是幻想。这时候，秦国之于东方六国，如同一只老虎和数只野牛之间的搏斗，如果他们能够同心协力，则很有可能重创秦国；如果他们各自为战，只为自己着想，秦国就会在不知不觉中，完成一统天下的宏图霸业。

韩非于公元前233年死去，他死后3年，秦国便攻克了韩国的都城新郑（今河南新郑），韩王安只能率领残部向秦军投降。

韩国的灭亡带来了一系列的连锁效应，各国犹如多米诺骨牌般纷纷倒下，天下诸侯由此而惊惧不已。此前赵国和秦军正陷入胶着状态中，在紧张的气氛中，赵国居然轻易跳进秦国间谍布置下的圈套，把那位唯一可以暂时挽救国家的名将李牧逼得自杀。从此，秦军便再也没有了真正可与之抗衡的对手。秦国继白起之后的名将王翦也就此成为天下第一将。在他的带领下，秦军发起了对赵国最后的进攻，赵王迁兵败投降。赵王迁的哥哥赵嘉向北逃走，在代郡集结了十余万残军，希望能够重新创立合纵联盟，继续抵抗秦国的入侵。

但是其他国家都不认可赵嘉的合纵思想，认为合纵联盟已经不可能重新建立，即使能够建立起来也无法抵抗秦军的进攻。燕国太子丹也有这样的思想，在手忙脚乱的情况下，太子丹最终发起了对秦国的刺客攻势，最后以失败告终。

三晋之地，韩国和赵国相继灭亡，唯独剩下魏国还在苟延残喘，就在太子丹死亡的第二年（公元前225年），秦军以风卷残云的气势，很快便兵临魏国都城大梁（今河南开封）。不过这一次秦军并没有直接进攻，而是再次利用了河水的作用。秦军连夜把黄河的堤防掘开，几乎兵不血刃，便灭亡了魏国。魏王假在被秦军擒获之后，被就地处决。

最后还剩下两个国家等待秦军去征伐，一个是楚国，一个是齐国。楚国经过这些年的休养生息，厉兵秣马，元气有所恢复。因此与楚国的战争是秦军扫灭六国面临的关键一战，也堪称艰难的最后一战。

这时年轻将领李信刚刚从襄平大胜归来，带着一身的光彩和荣耀。此时秦王政开始思考攻楚的问题，攻灭楚国无疑充满了艰难和挑战，而一个君主要权衡天下内外大事，一方面要防备军事上的溃败，另一方面则要防备大臣或者大将尾大不掉，功高震主。

所以到底派遣谁去攻克楚国是秦王政当前最为棘手的问题。王翦身经百战，战功显赫，攻下楚国不在话下。但正是这样，秦王对他才有所犹豫，因为他的功劳已经很大，功高震主的道理秦王是懂得的。李信刚刚经历战事，经验、计谋、威信上都比不上王翦，却是秦王政重点培养的对象，他甚至想要在军中让李信和王翦抗衡。

在秦国兼并天下、横扫八方的过程中，没有王氏和蒙氏家族的支撑，秦军很难如此快速地攻灭六国。蒙骜、蒙恬、蒙武祖孙三代，各个居功至伟、威名赫赫；王翦、王贲父子也不屈居人后。是故《史记》评论道："秦始皇二十六年，尽并天下，王氏、蒙氏功为多，名施于后世。"山东六国之中，除了韩国之外，其他六国都是在王氏父子的帅旗下相继攻灭的。相比于蒙恬、蒙骜等人，秦王政更需要防范的是王翦。

王翦自然知道秦王政的心思，白起的结局还历历在目，警示着每一个秦国将领：了却君王天下事，不一定能够赢得生前身后名。

所以王翦之子王贲在接连攻克了楚国的10余座城池之后，便毫无怨言地把帅印交给了李信，把最后的功劳让给了他，也是把自己的祸患消灭在李信的功劳之中。

在此之前，秦王政还对王翦和李信作了一个对比。他问王翦，需要多少兵力才能够攻灭楚国，王翦毫不犹豫地说要六十万。秦王政暗自抽了一口凉气，六十万大军可是秦国压箱底的实力。于是，秦王再去问李信同样的问题，李信人如其名，自信满满地说只要二十万大军。

李信说要二十万大军看似轻狂，实际上也有一定的根据。当时攻打燕国之时，李信不过是带领了数千人马，就灭掉了燕国的数万大军。

秦王最终选择了李信，同时心中也忐忑不已，不知李信是否真的可以用二十万大军灭掉楚国。

而王翦则扛着一把锄头去到了乡间，从此过上了乡村田园式的生活。那时王翦突然生出了一种异样的感受，其实他这一生只做了两样事情：进攻和防御。白起、蒙骜、王龁、樊於期，这些曾经他崇拜的、共事的、尊敬的将领，都驾鹤西去；廉颇、乐毅、田单、李牧，这些沙场上最高明的对手也魂归黄泉。生命如此灿烂，如夏花般开满了整个原野，又在残酷的深秋中，翩然落下，没有感伤，只有执着。

而另一边，李信和蒙恬大军已经挥师大举进攻楚国。

天下一统，战国落幕

秦军派出两路大军同时出发，一路由李信率领。李信所部很快就从南阳郡向东方进发，他采取的是秦军惯常的作战手法，分割包围，继而歼灭，并没有直接前去攻打楚国的都城寿春。李信大军是秦军主力，很快便攻克了平舆（今河南平舆）以及楚国原来的都城陈（今河南淮阳）。另一路大军则由蒙恬率领，他们很快将寝丘（今安徽临泉）攻占，以掩护主力大军的行动。双方最终会于城父（今安徽亳州）。

按照李信的战略意图，楚国的国土会就此分割，秦军便可以各个击破。同时可以占据居高临下的有利地形，整个楚国都城能够尽收眼底。这种战法在以往的战役中百试不爽。

战前，李信对当地的地形做了充分的考察，认为如果进入楚国广袤和开阔的平原地带，秦国的大兵团就能够如同潮水般向前一波波推进，楚国军队势必难以抵挡。

只可惜李信只知其一不知其二，秦国大军纵然可以阶梯式地推进，殊不知楚国大军也可以利用那些河网和丘陵在不知不觉中隐藏，然后靠近秦军。果然，楚军跟了秦军三天三夜，最终使秦军全线溃败，7名都尉被斩杀，李信仓皇而狼狈地逃回了秦国。

事实证明，李信在军事谋略上远远不及王翦。

当秦军大败的消息传到秦王政的耳中时，可以想象当时的他是多么懊悔和愤怒。纵然如此，也无法改变秦军大败的事实。秦王立刻驾着马车，来到了王翦的老家频阳。

一见面，秦王便打开天窗说亮话，一说自己和李信的错误，二便是请王翦出山。王翦没有立刻答应秦王，而是向秦王诉苦，说及自己身体不好，脑子不灵光，手脚不便利，要秦王对他好点。

这秦王也是快人快语，秦国军队刚刚经历了大败，自己焦头烂额，只有王翦先帮助了自己，自己才能够帮助王翦。自己诚意十足，亲自来请王翦出山，万万不可以推辞。

这一刹那，王翦想到了昔日的秦昭襄王和白起，秦昭襄王面临攻灭邯郸的关键之战，秦军数战不敌，秦昭襄王只能卑躬屈膝前来请白起出山。只可惜白起孤傲无比，一点也不给秦昭襄王面子，最终范雎屡进谗言，迫使秦昭襄王诛杀了白起。

识时务者为俊杰，王翦伸出了六个手指，口中说道：没有六十万大军，去了也是大败而归。秦王这次只好应允。然而在秦王的心中，对王翦还是心存忌惮的，举国之精锐都交到了王翦的手中，东出可以平天下，西进则可以灭秦国，拥有如此雄师的王翦对秦王是很大的威胁。于是,秦王想到了笼络王翦。他对王翦说,战事一结束,自己就搬过来,和王翦一起住。

于是,王翦再次挂帅出征,秦王亲临灞上,为王翦践行。酒也喝了,天地诸神都祭拜了,祝酒词也念了,这王翦却不动了。

秦王很奇怪,怎么不走了呢?

王翦明白秦王的心思,但是秦王却未必明白王翦,王翦此举,就是要秦王也能够体谅和明白自己。当然,最直接和有效的方式,就是语言:"大王,臣老了,估计几年之后就不能动了,再想要为秦国立功,为大王建业,就会有心无力。同时臣也发现,自己的担心已经很多。此次前去攻灭了楚国,臣必定是功成身退,到时候就要孤苦无依,连一日三餐,住宿出行都不成了。所以臣希望,大王能够给赏赐多点金银钱财、良田美宅。如果能够满足臣的这个愿望,臣就安心了。"

秦王瞬间便明白了,王翦表面上是在请赏,实际上是要自己不要猜疑。于是,秦王保证道:"将军为秦国立下了不少汗马功劳,本王自然不会让你受穷的。"

王翦道:"臣就只要一些良田美宅、金银钱财,其他的给了臣也没用,只要臣死了,子孙能够温饱,臣死也瞑目了。"

秦王大笑不已,遂答应了王翦,可是王翦还是表示自己不放心,遂不厌其烦,一连给秦王捎了五封信,找秦王要这要那。王翦此举,彻底地打消了秦王的疑虑,却引起了王翦身边副将蒙武的好奇,老将军这么做,实在是让人百思不得其解。于是,蒙武便向王翦求教。

王翦自然将心中所想一一说了出来,他说此举可以消除秦王的疑虑,赏赐之物却可以分给将领。蒙武恍然大悟,极力称赞。

王翦哈哈大笑,为名将者不仅要努力在战场上纵横捭阖、攻无不克,也要在政治上韬光养晦,攻守进退皆有道。

公元前232年,王翦率领六十万大军,浩浩荡荡地来到了楚国境内。一时之间,楚国上下积极备战,杀敌图存,士气高昂。但是王翦并没有直接攻上去,因为他知道眼下只有先消灭敌人的锐气,进而以威武雄壮之师攻去，才能够收到奇效。

于是，王翦命令大军高筑营垒，只要守卫好军粮和粮道就行。任凭楚国军队如何谩骂、挑战，秦军就是坚守不出。而这时候，楚国大军以为秦军主力已经撤退，转而去防守自己的边境。于是，楚国大军急忙向东方撤离。王翦等的就是这个时候，秦军以逸待劳，楚军惊弓之鸟，在一连串的歼灭战之后，楚王负刍最终选择了投降。

天下初定，此时此刻，只剩下东方的齐国还和秦国并立于世。

不得不说王翦在政治上很老辣，故而有了那句歇后语——王翦请田，明哲保身。不止如此，王翦在攻灭了楚国之后，还南下攻灭百越，设立郡县，立下不世功勋，秦王知道了他的忠心，遂封其为武成侯。

而比起王翦，更加深谋远虑的人是范雎。

当初范雎为秦国立下了远交近攻的策略，使秦国50年时间之内，坐看山东诸侯的破灭。50年的时间内，齐国和秦国的邦交极为和睦，政府使者、民间商旅往来络绎不绝。

公元前237年，齐王田建曾率领庞大的使团前去访问秦国，秦王政在咸阳宫中用盛大的礼仪接待了齐王。在秦王的授意下，秦国上下，不管是高级官员还是其他各国的使节，——匍匐在田建脚下，诚惶诚恐，不敢抬头。田建因此而虚荣心大涨，认为这秦王政和秦国值得齐国深交。

于是，田建和秦王政设置祭坛，烧香祭酒，结为异姓兄弟。如此，齐国自然成为了秦国的兄弟之邦。为了彻底地拉拢齐国，使其不成为秦国一统天下的绊脚石，秦国不惜花费重金，让前来咸阳的齐国使团满载而归。一时之间，曾经的虎狼之国，摇身一变成了齐国最忠实的盟友。

来而不往非礼也，秦国也不断派遣各种使节携带大量黄金珠宝出使齐国。其中不乏大量辩才出众的客卿，他们一面游说统治阶层不要改变外交政策，一面诱使他们堕落，跳入贪污腐败的陷阱。除了钱财以外，那些使者还携带了剑客和锋利的宝剑，只要谁不愿意，便刺杀之，这是典型的李斯战略。

如此一来，对于任何的合纵行动，齐国几乎都拒绝参与。为了表示自己对于联盟的忠实，齐王每次都会为秦国的胜利派遣使节团前往咸阳道贺。秦国横扫各国、鲸吞天下时，齐国始终隔岸观火、置身事外，一连享受了50年之久的和平和繁荣。但是在繁荣的外表下，齐国隐藏的危机正暗暗滋长，最终招致国破家亡。

公元前221年，末日终于降临到了齐国的身上。可以猜测，齐国一定不乏有识之士看出局势的变化，只可惜未得到重用或者被秦国杀了，这时齐国纵有天才降临，也难以挽回大局。

这一天的到来，让田建也深刻地感到了齐国所面临的危机，遂和宰相后胜商议对策。他不知道，早在30年前，田建的这位宰相就已经被秦国收买了。可是，后胜似乎也意识到，自己往日的荣光将不复存在，"飞鸟尽、鸟弓藏；狡兔死、走狗烹"，这种道理再明白不过。

只可惜，二人的悔悟都为时晚矣，秦国大军从原来的赵国境内挥师南下，没有遇到任何有效抵抗便占领了齐国都城临淄，齐国便在这样一个混沌的过程中断送了国运。

后胜收了秦国无数的好处，和他预料的一样，最终被秦王政杀了，田建则被流放到共城（今河南辉县），当了45年的太平国王。据说齐国灭亡之后，还有很多人跟随齐王，只是后来发现已经没有了任何前途，便树倒猢狲散，只留下田建和自己年幼的儿子相依为命。忧国伤怀的齐王，在荣华富贵和三餐难保的巨大落差之下，最终忧郁而死，其儿子也自此不知下落。

齐国的遗民听到消息，曾为他作一首悼歌：

松耶柏耶？

住建共者客耶？

历经260多年的战国，终于在秦国历代君王特别是秦孝公、秦昭襄王、秦王政，历代贤臣如商鞅、范雎、李斯，历代名将如司马错、魏冉、白起、王翦、蒙恬等人的共同努力下，宣告落幕。山东六国全数灭亡，唯独卫国存续到了秦二世时期，可能是太小的缘故。

轰轰轰烈的大一统时代就此到来。

贾谊豪迈激扬的文字开始飞扬：奋六世之余烈，振长策而御宇内，吞二周而亡诸侯，履至尊而制六合，执敲扑而鞭笞天下，威震四海。南取百越之地，以为桂林、象郡。百越之君，俯首系颈，委命下吏。乃使蒙恬北筑长城而守藩篱，却匈奴七百余里。胡人不敢南下而牧马，士不敢弯弓而报怨。（《过秦论》）

李白快意恩仇的诗句开始出现：秦王扫六合，虎视何雄哉；挥剑决浮云，诸侯尽西来。

苏洵在秦国故土、阿房宫旧址上开始长吁短叹：六国破灭，非兵不利，战不善，弊在赂秦。赂秦而力亏，破灭之道也。（《六国论》）